Eine gesunde, antioxidanzienreiche Ernährung ist unabdingbar für ein strahlendes, jugendliches Äußeres.

Wissenswertes über die Haut

Die Haut ist das größte Organ des Menschen. Sie schützt den Körper vor Schadstoffen und ist am Abtransport von Abfallprodukten aus dem Organismus beteiligt. Sie erfüllt komplexe Funktionen und ist gewissermaßen unsere Visitenkarte – und bedarf deshalb ganz besonderer Aufmerksamkeit.

Nicht nur die Augen, auch die Haut ist ein Spiegel unserer Seele. Sie verrät, ob wir uns wohl fühlen, ob wir gesund sind, ob wir uns richtig ernähren und ob wir uns zu oft ungeschützt der Sonne ausgesetzt haben.

Margot Hellmiß

Anti-Falten-Kur

Perfektes Aussehen bis ins hohe Alter

südwest

Inhalt

Eine schöne, gesunde und jung aussehende Haut ist nicht nur eine Gabe der Natur. Sie braucht auch viel Aufmerksamkeit und Pflege.

Cremes, Peelings und andere Pflegeanwendungen sind nicht nur ein tägliches Muss für die Haut. Sie gönnen sich damit auch selbst viel Entspannung.

Eine neue Ära in der Faltenbekämpfung

Deutlich sichtbare Spuren der Hautalterung wie Fältchen, Falten und Runzeln, schlaffer Teint, müde Augenlider und Altersflecken sind heute kein unabwendbares Schicksal mehr, dem man mit fortschreitendem Lebensalter hilflos ausgeliefert ist. Dank dermatologischer Forschungen in den letzten Jahren, die vor allem in den USA vorangetrieben wurden, ist mittlerweile ziemlich genau bekannt, welches die Ursachen solcher degenerativer Hautveränderungen sind und wie man sie, wenn man frühzeitig Sorge dafür trägt, in Grenzen halten kann. Selbst wenn schon Falten da sind, kann man noch eine Menge dagegen ausrichten, ohne gleich so massive Maßnahmen wie Faceliftings oder teure Faltenunterspritzungen ergreifen zu müssen.

Spuren des Lebens

Es gilt zwar nach wie vor, dass die Haut älterer Menschen eine Reihe von genetisch vorgegebenen Veränderungen durchlaufen hat. Sie ist beispielsweise dünner geworden, kann nicht mehr so viel Feuchtigkeit speichern und wird insofern nie mehr so sein wie in jungen Jahren. Doch darauf, wie die gealterte Haut aussieht bzw. einmal aussehen wird, übt unser Verhalten einen deutlich stärkeren Einfluss aus, als man bisher vermutet hat. Die Oberfläche unseres Körpers spiegelt wie in einem Buch des Lebens unsere Sünden und guten Taten wider. Ob sich jemand zu oft ein Sonnenbad gegönnt, zu viel geraucht und getrunken und sich vitalstoffarm ernährt hat, zu wenig oder falsche Hautpflege betrieb, sich wenig an der frischen Luft bewegt hat oder häufig mit Umweltschadstoffen in Berührung kam. All dies sind Faktoren, die im wahrsten Sinne des Wortes unter die Haut gehen und Alterserscheinungen hervorrufen. Verantwortlich dafür sind freie Radikale, aggressive Moleküle, die bei vielen Stoffwechselvorgängen

info

Mindestens ein Drittel, wenn nicht die Hälfte aller ausgeprägten und vorzeitigen Alterserscheinungen, die auf der Haut sichtbar werden, haben wir nach gegenwärtigem Wissensstand selbst zu verantworten. Sie sind – anders gesagt – bis zu einem gewissen Grad vermeidbar.

Die Haut steht mit den inneren Organen in einer engen Stoffwechselbeziehung. Das bedeutet, dass Erkrankungen der inneren Organe sich auf der Haut manifestieren, genauso wie Störungen der Hautgesundheit Reaktionen im Körperinneren verursachen.

und auch beim Atmen in unserem Organismus entstehen. Normalerweise werden sie von der Enzymabwehr in Schach gehalten. Wenn sich ihr Vorkommen jedoch durch häufige Sonnenbestrahlung, Rauchen und andere negative Einflüsse erhöht, ist die Immunabwehr rasch überlastet. Dann sind unsere Körperzellen dem Angriff freier Radikaler (Oxidanzien) schutzlos ausgeliefert. Die auf der Haut sichtbaren Konsequenzen sind Verfärbungen, tiefe Falten und im schlimmsten Fall Hautkrebs.

Antioxidanzien helfen

Gegen diese Hautveränderungen gibt es eine Reihe von Vorsorge- und Abwehrmaßnahmen, allen voran die sowohl innerliche wie äußerliche Versorgung mit reichlich Antioxidanzien. Das sind Substanzen, die freie Radikale neutralisieren und ihrem zerstörerischen Werk Einhalt gebieten. Bekannte Antioxidanzien sind die Hautverjüngungsvitamine A (Retinol), C und E. Sie finden sich vorwiegend in Frischkost und werden auch in pflegende Cremes und Ampullen eingearbeitet, um von außen mit sichtbarem Erfolg auf die Haut glättend einzuwirken.

Mittlerweile gibt es jedoch eine völlig neue Generation von Antioxidanzien, die die Wirksamkeit der klassischen Antioxidanzien um ein Vielfaches übertrifft. Dazu zählen beispielsweise körpereigene Substanzen wie Koenzym Q10 und Alpha-Liponsäure oder auch pflanzliche Derivate wie Bioflavonoide und bisher nicht genutzte hochwirksame Varianten der Vitamine A und E (Tokotrienol). In Cremes und Ampullen zur äußerlichen Anwendung lieferten sie gute Ergebnisse im Kampf gegen die vorzeitige und verstärkte Hautalterung. Es ist nicht nur gelungen, die verjüngenden Substanzen vor allem in Cremes und anderen Präparaten haltbar zu machen. Auch eine zeitverzögerte Wirkungsentfaltung der Pflegesubstanzen, sozusagen ein Rundumschutz für den ganzen Tag, wird mittlerweile gewährleistet.

In Kombination mit einer antioxidanzienreichen Anti-Falten-Diät sowie unterstützenden Ent-

Schädigungen der Haut vermeiden

Ebenso wichtig wie die Zufuhr der Radikalefänger, wie man die Antioxidanzien oft nennt, ist natürlich die Forderung, das Aufkommen freier Radikaler im Organismus grundsätzlich niedrig zu halten. Dies erreicht man beispielsweise durch das Vermeiden von starker Sonnenbestrahlung und konsequenten Lichtschutz, durch ausgewogene Ernährung, viel Trinken, ausreichend Schlaf, weitgehenden Verzicht auf Genussgifte wie Nikotin und den möglichst häufigen Aufenthalt in einer schadstoffarmen Umgebung.

spannungs- und Mimikübungen (auch Stress trägt erwiesenermaßen zur Faltenbildung bei) besteht die Aussicht, dass damit eine neue Ära in der Faltenbekämpfung eingeläutet werden kann.

Unsere Haut

Die Haut ist die äußere Hülle des Körpers. Sie hat eine ganze Reihe lebenswichtiger Funktionen zu erfüllen. Sie gibt dem gesamten Organismus Form und Halt. Sie schützt vor Krankheitserregern und Schadstoffen. Über die Schweißdrüsen leistet sie einen wichtigen Beitrag zur Entgiftung des Organismus von überschüssigem Kochsalz, Harnstoff und Harnsäure. Ist es kalt, ziehen sich ihre Muskelfasern und kleinen Blutgefäße zusammen. Das verkleinert ihre Oberfläche und macht Wärmeverluste wett. Bei Hitze dagegen dehnt sich die Haut aus, ihre Gefäße erweitern sich, die Schweißdrüsen werden aktiv. Das hilft nicht nur bei der Entgiftungsarbeit. Der Schweiß verdunstet, und es entsteht Verdunstungskälte, die den Organismus vor Überhitzung bewahrt. Das hat mit dem vielfach missverstandenen Begriff »Hautatmung« zu tun. Die Haut atmet nicht wirklich. Sie nimmt keinen Sauerstoff auf und gibt

info

Die Haut ist mit bis zu zwei Quadratmetern Fläche und mit je nach Fettanteil 10 bis 20 Kilogramm Gewicht das größte Organ des Menschen.

Man weiß heute, dass sich die Hauterneuerung größtenteils während der Nacht vollzieht. Deswegen ist eine ausreichende Nachtruhe für die Hautgesundheit und ein möglichst faltenfreies Aussehen von großer Bedeutung.

auch kein Kohlendioxid ab. Unter Hautatmung versteht man die Wasserverdunstung, die an der Hautoberfläche ständig erfolgt und binnen 24 Stunden etwa einen halben Liter ausmacht, bei schweißtreibenden Aktivitäten entsprechend mehr.

Der Aufbau der Haut

Wie komplex der Hautaufbau ist, zeigt folgende Auflistung: In einem Quadratzentimeter Haut (Erbsengröße) befinden sich ungefähr

- 15 Talgdrüsen
- 100 Schweißdrüsen
- 3000 Nervenendkörperchen
- 1 Meter Blutgefäße
- 3 Millionen Zellen

Die Haut besteht im Wesentlichen aus drei funktionellen Schichten:

- Oberhaut
- Lederhaut
- Unterhaut

Schützende Oberhaut

Die oberste Hautschicht heißt Oberhaut oder Epidermis. Sie ist unterschiedlich dick, nur 0,1 Millimeter an den äußeren Genitalien, bis 1,5 Millimeter an den Fußsohlen. Sichtbar ist davon jeweils nur die äußerste Hornschicht (Stratum corneum). Dabei handelt es sich um einen Mantel aus verhornten Hautzellen, die abgestoßen werden, sobald aus der tiefer gelegenen Keimzellenschicht der Oberhaut (Basalschicht) frisches Zellmaterial nachkommt. Auf diese Weise befindet sich die Haut in einem ständigen Erneuerungsprozess.

Lichtschutzfaktor Hornschicht

Die äußerste Hornschicht der Oberhaut ist ein Schutzwall, der nicht nur Schmutzpartikel und Krankheitserreger vom Körper fernhält, sondern auch den Einfluss aggressiver UV-Strahlen auf tiefer liegende Hautschichten mildert. Bei Sonneneinstrahlung kann sich die Hornschicht verdoppeln, so dass ein stärkerer Schutz gegenüber den ultravioletten Strahlen erzielt wird. Der Fachausdruck hierfür lautet »Lichtschwiele«. Auf der anderen Seite sorgt die

Hornschicht dafür, dass nicht zu viel Wasser durch die Haut nach außen dringt und verdunstet. Sie hilft der Haut, ihre Feuchtigkeit zu bewahren, was die Elastizität der Haut erhöht und UV-Schäden ausgleicht.
Die Hornschicht ist von Mensch zu Mensch verschieden, glatt oder rau, schuppig, eher trocken oder fettig. Hier können Kosmetikprodukte ihre Wirksamkeit entfalten und kleine Mängel ausgleichen.

Farbgebende Melanozyten

In der Keimzellenschicht der Oberhaut sind die pigment- und farbstoffbildenden Zellen, die Melanozyten, angesiedelt. Ihre Aufgabe ist es, den Farbstoff Melanin zu bilden. Sobald UV-Strahlen auf unsere Haut treffen, kommt die Produktion von Melanin in Gang. Der Farbstoff umhüllt die Hautzellen und schützt ihre empfindlichen Zellkerne vor den schädlichen Strahlen. Von außen merkt man das daran, dass die Haut bräunt. Bis zu einem gewissen Grad ist die Bräunung ein körpereigener Sonnenschutz.

Feste Lederhaut

Unter der Oberhaut befindet sich die Lederhaut oder Dermis. Sie ist zwei bis vier Millimeter dick. Sie besteht hauptsächlich aus Bindegewebe, vor allem aus kollagenen Fasern. Das Wort »Kollagen« stammt aus dem Griechischen und bedeutet in etwa Leimbildner. Die faserförmigen Kollagenmoleküle üben eine Art Kittfunktion im Gewebe aus und sind auch für die Bindung von Feuchtigkeit extrem wichtig. Sie sind zu einem Großteil dafür verantwortlich, wie elastisch die Haut und wie empfänglich sie für vorzeitige Falten ist.

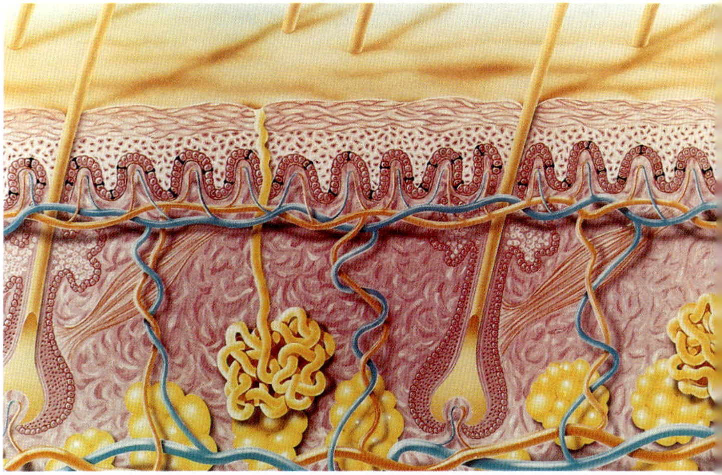

Die drei Schichten der Haut bestehen aus einem komplexen Geflecht von Arterien, Venen, Haarwurzeln, Talg- und Schweißdrüsen.

Kollagen und straffendes Elastin

Bei den Kollagenfasern handelt es sich um gelatineähnliche, dehnbare Eiweißkörper, die knäuelartig angeordnet sind. Sie werden von Elastin, feinen elastischen Fasern, umschlossen, die gedehntes Kollagen wie Gummibänder wieder in ihre Ausgangsform zurückziehen. Sie bewahren die kollagenen Fasern vor Überdehnung oder der Gefahr des Zerreißens. In der Schwangerschaft oder bei Gewichtszunahme wird das Kollagennetz stark beansprucht. Nach der Entbindung oder einer Diät wird es durch die elastischen Fasern wieder in die ursprüngliche Form zurückgezogen. Wenn die Kollagenfasern aber reißen, dann entstehen beispielsweise die ungeliebten, narbenähnlichen Schwangerschaftsstreifen. Elastizität und Regenerationsfähigkeit des Bindegewebes sind genetisch vorgegeben. Sie verschlechtern sich mit zunehmendem Alter, was dann der Entstehung von Falten Vorschub leistet.

→ Tipp

Der fein abgestimmte, körpereigene Schutzfilm der Haut kann durch langes Baden, aggressive Seifen oder alkoholische Gesichtswässer Schaden nehmen. Wer darauf nicht verzichtet, nimmt auf längere Sicht gesehen trockenere und faltigere Haut als nötig in Kauf.

Der Säureschutzmantel der Haut

In der Lederhaut, der mittleren Hautschicht, liegen zahllose Duft-, Talg- und Schweißdrüsen. Sie produzieren Sekrete, die über feine Kanäle zur Hautoberfläche gelangen. Durch Poren, d. h. kleine Öffnungen, treten die Sekrete aus. Neben den hauteigenen Stoffen Lezithin und Cholesterin vermengen sich vorwiegend Schweiß und Talg zum natürlichen Säureschutzmantel der Haut (Hydrolipidmantel), der eine wirksame Schranke gegenüber krank machenden Bakterien, Viren und Pilzen darstellt. Die Haut ist das erste Bollwerk des Immunsystems.

Der Säureschutzmantel bildet auch einen natürlichen »Feuchthaltefaktor«. Er trägt deutlich dazu bei, dass die 10 bis 20 Prozent Wasser, die aus den unteren Hautschichten angeliefert werden, in der äußeren Hornschicht gebunden bleiben und dadurch die Haut prall, rosig und gesund aussehen lassen. Sinkt der Wasseranteil unter zehn Prozent, so wirkt die Haut fahl, trocken und faltig. Dies kann die Folge einer inneren Erkrankung sein, passiert aber auch, wenn man nicht genug Flüssigkeit zu sich nimmt.

Das empfindsame »Herz« der Haut

Man kann von der Lederhaut als dem »Herz« der Haut sprechen, denn hier spielen sich die wichtigsten Dinge ab. Hier liegen z. B. die Nervenbahnen, die uns zarteste Berührungen, Temperaturschwankungen oder Schmerzen wahrnehmen lassen. Es gibt unzählige Blut- und Lymphgefäße, Haarwurzeln sowie die Papillen. Darunter versteht man Ausstülpungen, die in die gefäßlose Oberhaut hinaufreichen und sie mit Nährstoffen versorgen bzw. Stoffwechselendprodukte abtransportieren.
Die Nerven der Lederhaut reagieren nicht nur auf äußere Reize, sie geben auch den Gesamtzustand des Nervensystems wieder. Deshalb wird die Haut auch als Spiegel der Seele bezeichnet. An ihr lassen sich Gefühlsregungen leicht ablesen, denkt man beispielsweise an zartes Erröten bei Verlegenheit, Gänsehaut in gruseligen Situationen oder plötzliche Blässe in Schrecksekunden.

Eine schöne Haut ist nicht nur ästhetisch, sondern auch ein Barometer unserer Gesundheit.

Formende Fettschicht

Die unterste (oder innerste) Hautschicht ist das Unterhautfettgewebe oder Subkutis. Sie stützt das gesamte Hautgefüge und stellt die Verbindung der Haut zu Muskeln,

Von Talgdrüsen abgesonderter Hauttalg ist praktisch eine körpereigene Pflegecreme. Er überzieht die Oberhaut mit einem schützenden Fettfilm, der sie trotz Kälte und Wind nicht austrocknen lässt.

Knochen und den inneren Organen her. In der Hauptsache besteht sie aus traubenartigen Fettzellen, dem Fettgewebe, das von Nerven, Gefäßen und Bindegewebesträngen (Kollagenfasern) durchzogen ist. Diese Konstruktion verleiht der Unterhaut Festigkeit und Elastizität. Sie kann die inneren Organe vor Kälte und Stößen schützen und fungiert gleichzeitig als Fettdepot.
Die Subkutis dient daneben auch als Wasserspeicher. Etwa ein Drittel des gesamten Wasservolumens des Körpers sind hier gelagert. Das Wasser wird in diesen Speichern ständig erneuert. Wenn dieser Wasseraustausch nicht mehr einwandfrei funktioniert, kommt es zu unangenehmen Wassereinlagerungen, vor allem in den Beinen.

info

Der Hautstoffwechsel wird maßgeblich vom altersbedingten Hautaufbau, von der Ernährung, von enzymatischen und hormonellen Funktionen sowie dem vegetativen Nervensystem beeinflusst. Aufgrund des Erscheinungsbilds der Haut lässt sich daher auf die Gesamtverfassung eines Menschen rückschließen.

Birnen- und Apfelform

Die fetthaltige Unterpolsterung der äußeren Hautschichten bestimmt maßgeblich die Körperform. Bei Frauen ist hormonell bedingt mehr Fett eingelagert als bei Männern, und es ist anders verteilt. Die weiblichen Fettdepots liegen vor allem im Bereich der Hüften, am Gesäß und an den Oberschenkeln (Birnenform), die männlichen um den Bauch herum (Apfelform). Kaum mit Fett unterlegt sind die Augenpartie, die Vorderseite des Halses und die Handoberflächen. Hier zeigen sich deshalb schon früh erste Fältchen.

Der kleine Unterschied

Frauenhaut ist generell etwas dünner als Männerhaut. Auch sondern die weiblichen Talgdrüsen weniger Sekrete ab als die männlichen.
Damit verfügen Frauen über weniger körpereigene Pflegestoffe, neigen eher zu trockener Haut und sollten dem Problem der Faltenvorbeugung schon in jüngeren Jahren Aufmerksamkeit widmen.
Wenn sich mit zunehmendem Alter die Hormonlage verändert, werden die geschlechtsspezifischen

Die Aufgaben der Haut

- Schutzhülle des Körpers (gegen Umweltschadstoffe, Hitze, Kälte, Krankheitserreger, Strahlung)
- Hochsensibles Sinnesorgan
- Ausscheidungsorgan für Abbauprodukte des Stoffwechsels
- Speicher für Wasser und Nährstoffe
- Ausdrucksmedium für unsere Befindlichkeit

Hautunterschiede noch offensichtlicher. Zwar wird auch bei Männern die Haut dünner und damit trockener, sobald weniger des männlichen Geschlechtshormons Testosteron produziert wird. Der Spiegel des im weiblichen Hormonhaushalt vorherrschenden Geschlechtshormons Östrogen sinkt jedoch mit Beginn der Wechseljahre ungleich stärker ab. Die Talgdrüsen drosseln daraufhin ihre Tätigkeit, die Frauenhaut wird nach der Menopause dünner, trockener und anfälliger gegenüber Hautreizungen, Allergenen und Krankheitserregern. Auch nehmen Geschmeidigkeit und Spannkraft der Haut rascher ab als bei den Männern. All diese natürlichen Veränderungen machen es gerade für Frauen so wichtig, die Haut von innen wie von außen mit ausreichend Feuchtigkeit sowie mit pflegenden und vitalisierenden Substanzen zu versorgen und damit rechtzeitig Maßnahmen zur Faltenvorbeugung zu ergreifen.

Dank ihrer Beschaffenheit benötigt Männerhaut zwar etwas weniger Pflege, es wäre jedoch falsch zu glauben, sie bliebe ohne genügend Aufmerksamkeit für immer robust und faltenarm. Auch Männer sollten regelmäßig für die Zufuhr von Fett und Feuchtigkeit sorgen und, besonders wichtig, den Sonnenschutz nicht vernachlässigen. Die Kontrolle von Hautveränderungen durch den Dermatologen sollte

Besser unterpolsterte Haut wirkt immer faltenärmer. Das sollte bei Reduktionskuren im vorgerückten Alter stets berücksichtigt werden.

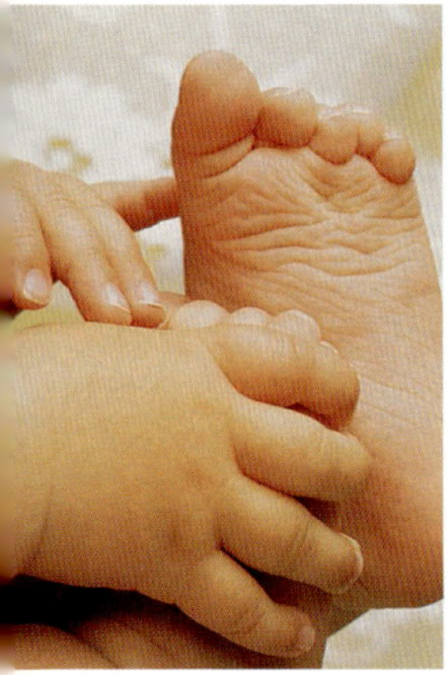

Schon Säuglinge haben Falten, in den Kniekehlen, an Hand- und Fußgelenken, am Po und am Hals. Diese embryonalen Falten sind anlagebedingt und verlieren sich zum größten Teil mit den Jahren.

konsequent und vor allem frühzeitig geschehen, denn Fälle bösartiger Hautveränderungen werden weitaus häufiger bei Männern als bei Frauen diagnostiziert – und das vor allem deswegen, weil Männer meist erst sehr spät einen Facharzt aufsuchen.

Der Einfluss von Östrogen

Das Hormon Östrogen übt zahlreiche Wirkungen auf die Haut aus. Vor allem sind dies

- Förderung der Hautdurchblutung
- Verbesserung der Regeneration der Haut
- Anregung der Kollagenbildung
- Steigerung des Wasserbindungsvermögens in der Haut
- Erhöhung der Talgdrüsentätigkeit
- Anregung des Haarwuchses

Verschiedene Faltenarten

Nicht nur das fortschreitende Alter ist verantwortlich für die Bildung von Falten. Es gibt eine Reihe von Möglichkeiten für das Entstehen dieser Spuren auf unserer Körperoberfläche.

Altersfalten

Sie entstehen im Verlauf des natürlichen Alterungsprozesses als Folge der verminderten Zellteilung und der Degeneration des Bindegewebes. Dieser Vorgang ist genetisch vorgegeben und kann bislang zwar nicht gestoppt, aber durch regelmäßige Pflege und vernünftige Lebensweise deutlich gebremst werden.

Feuchtigkeitsmangelfalten

Die Austrockung der Hautoberfläche führt zu einem insgesamt knittrigen Hautbild, man sieht älter aus, als man ist. Die Hauptursachen dafür sind übermäßige Sonneneinstrahlung, Klimaanlagen, trockene Heizungsluft, zu reichlicher Kontakt mit Wasser und Seife, eine ungenügende oder falsche Hautpflege. Die Symptome der vorzeitigen Hautalterung lassen sich weitgehend beheben, sofern rechtzeitig etwas dagegen unternommen wird. Wichtig ist die Durchfeuchtung der Hautoberfläche mit geeigneten Substanzen und natürlich die Beseitigung der Umstände, die zu Falten führen.

Mimikfalten

Jeder Mensch hat seine ganz persönliche Art, sich nur durch Gebärden oder sein Mienenspiel mitzuteilen. Wie man die Stirn runzelt, lacht oder weint, die Augenbrauen hoch zieht, die Nase rümpft, all dies hinterlässt mit der Zeit seine Spuren. Auch Angst, Trauer, Unzufriedenheit oder ein frohes Gemüt spiegeln sich als Kummerfalten, verkniffene Gesichtszüge oder Lachfältchen in unserem Antlitz wider. Mimikfalten entstehen durch das ständige Wiederholen bestimmter Bewegungen. Dabei werden von den 57 Gesichtsmuskeln, die für unser Mienenspiel verantwortlich sind, immer wieder die gleichen elastischen Fasern im Bindegewebe beansprucht. Mit der Zeit lässt deren Spannkraft nach, es bleiben erst feine Linien, dann deutliche Falten auf der Hautoberfläche zurück.
Wer Bewegungsfalten als störend empfindet, kann nur durch eine Korrektur der Mimik oder gezielte Gesichtsgymnastik gegensteuern.

Hat das Gesicht aufgrund längerer Krisen einen ständig ängstlichen, traurigen oder unzufriedenen Ausdruck angenommen, wäre eine tief greifende Veränderung der Lebensumstände erforderlich, die zu einem entspannteren, glücklicheren Dasein verhilft.

Faltenbildung nach Gewichtsabnahme

Beim Abnehmen schmilzt ein Teil des in der Unterhaut eingelagerten Fettes. Die Oberhaut ist dann nicht mehr so gut gepolstert und sieht faltiger aus. Wenn der Gewichtsverlust nicht zu groß ist, passt sich die Haut aber mit der Zeit den neuen Gegebenheiten an und wird wieder straffer. Man kann diesen Vorgang durch konsequente Ganzkörperhautpflege, Massagen und Gymnastik noch beschleunigen. Damit man nach einer Diät nicht zu alt aussieht, sollte die Gewichtsabnahme stets langsam erfolgen. Ab dem 50. Lebensjahr sind ein bis zwei Pfund in der Woche die richtige Größe. Wer straffer und jünger aussehen möchte, sollte sich im Zweifel lieber für ein paar Pfunde mehr entscheiden.

Freie Radikale und Hautalterung

Vor einigen Jahren hat die Forschung – darunter vor allem die Zellbiologie – der Ursache verschiedener körperlicher Phänomene wie der vorzeitigen Alterung oder gesundheitlichen Problemen einen Namen gegeben. Seitdem weiß man, dass man sich vor freien Radikalen schützen muss – und kann!

Wer schön sein will, muss etwas dafür tun – oder darf bestimmte Dinge nicht tun. Für das Aussehen unserer Haut sind wir oft schon früher verantwortlich als wir denken.

Der Lebensweg der Haut

Von den Spuren der Hautalterung im Gesichtsbereich sind 20-Jährige in der Regel noch weitgehend verschont. Doch schon mit 30 bilden sich erste Krähenfüßchen um die Augen und kleinere Stirnfalten zwischen den Augenbrauen (Glabellafalten). Im Alter von 40 Jahren kommen dann Nasolabialfalten (zwischen Nasenflügeln und Mundwinkeln) hinzu und diverse andere Einkerbungslinien, z. B. am Hals oder über der Oberlippe (Kräuselfalten). Mit 50 ist die Spannung der Haut (Tonus) meist so weit vermindert, dass die Augenlider schwer und die Gesichtskonturen ermüdet wirken. Pigmentstörungen (Altersflecken) und Faltenvertiefungen treten hinzu.

Knackpunkt Kollagen

Diesen sichtbaren, sich über Jahrzehnte erstreckenden Verwandlungen der Haut liegen nicht sichtbare Veränderungen im Inneren der Haut zugrunde, die letztlich Prozesse auf der Ebene des Zellgeschehens sind. Bereits mit 50 ist das Zellteilungsvermögen der Haut gegenüber 20-Jährigen um ein Drittel zurückgegangen. Die Kollagen produzierenden Zellen des Bindegewebes (Fibroblasten) bringen mit zunehmendem Alter immer kürzere Fasern hervor. Das lässt die Haut dünner werden und verringert ihre Fähigkeit, Feuchtigkeit zu speichern, was den Faltenstatus unmittelbar verschlechtert. Auch die Regenerationsfähigkeit der Kollagenfasern verlangsamt sich, was zum Entstehen von Verhärtungen und Verdichtungen führt. Zwischen den einzelnen Fasern entstehen mit den Jahren so genannte cross links, Kreuzverbindungen, die ein flexibles Übereinandergleiten des Fasermaterials verhindern. Die Gleitfähigkeit der Fasern ist aber Erkennungsmerkmal jugendlicher Haut. Verhärtetes Kollagen macht die Haut unelastisch, spröde und

info

Was die Haut ebenfalls altern lässt, ist die Tatsache, dass Schweiß und Talgdrüsen in höheren Lebensjahren weniger Sekrete absondern, bei Frauen bis zu drei Prozent weniger pro Jahr, bei Männern zwei Prozent. Die Haut wird damit automatisch trockener. Und nicht zuletzt wird die oberste Hautebene, die Hornschicht, brüchiger und anfälliger für schädigende Einflüsse.

für Faltenbildung anfällig. Mit verantwortlich sind die Verhärtungen für die Blockade der haarfeinen Blut- und Lymphgefäße, was den Hautstoffwechsel empfindlich beeinträchtigt. Die Versorgung mit Sauerstoff oder Nährsubstraten leidet genauso darunter wie die Entsorgung von Altlasten, beispielsweise aus dem Zellstoffwechsel. Dies betrifft nicht nur das Kollagen, sondern auch das Elastin, das die Kollagenfasern strafft. Fettige und kalkige Ablagerungen, die mit den Jahren nicht mehr abgebaut werden, reduzieren seine Spannkraft. Das mindert wiederum Elastizität und Durchfeuchtungsvermögen der Haut und stellt den Nährboden für altersbedingte Hautveränderungen dar.

Die Pflege der Haut dient nicht nur der Ästhetik. Wer den Bedürfnissen seiner Haut frühzeitig gerecht wird, kann auch ernsthaften Hauterkrankungen vorbeugen.

Gesund und schön pflegen

Was von diesen Veränderungen erblich bedingt ist, lässt sich – bis jetzt zumindest – kaum beeinflussen. Lediglich Linderung kann erzielt werden, beispielsweise mit Feuchtigkeitscremes, die der älteren Haut von außen zusätzlich Feuchtigkeit spenden und ihr damit wieder mehr Elastizität verleihen.

Moderne Pflegepräparate, z. B. mit Hyaluronsäure, die ein erstaunliches Wasserbindungsvermögen aufweisen, leisten hierbei bereits Beachtliches. Systematische Hautpflege wird deshalb mit zunehmendem Alter immer bedeutsamer, damit Wasser in der Haut gebunden und so Falten vorgebeugt werden kann.

Der Anteil an der allgemeinen Hautalterung, der nicht genetisch vorgegeben ist und von unserem Verhalten abhängt, lässt sich definitiv positiv beeinflussen, und manches lässt sich durch die richtige Ernährung, Pflege und Kosmetik sogar umkehren. Eine Schlüsselrolle nehmen dabei freie Radikale ein, bzw. deren Gegenspieler, die Antioxidanzien.

Aggressive Moleküle schaden der Haut

Freie Radikale sind heimtückische Moleküle, die in unseren Organismus kursieren und unsere Körperzellen attackieren. Sie können Schäden hervorrufen, die von Falten, Runzeln, Hautverfärbungen, bis hin zu ernsten Erkrankungen wie Arteriosklerose, Krebs, »Rheuma« oder grauem Star reichen. Die gefährlichsten freien Radikale sind Sauerstoffmoleküle, allerdings keine normalen Sauerstoffmoleküle, sondern solche, die aufgrund chemischer Reaktionen über ein so genanntes ungepaartes Elektron verfügen oder, anders gesagt, ein Elektron zu wenig haben. Um diesen Mangel auszugleichen, sind die freien Radikale stets bestrebt, anderen Molekülen, z. B. solchen, die in der Schutzhülle einer Hautzelle sitzen, ein Elektron zu entreißen. Gelingt dies, hat das Molekül in der Hautzelle fortan ein Elektron zu wenig, was wiederum einen Ausgleich verlangt. Eine zerstörerische Kettenreaktion wird so in Gang gesetzt, die ein Austrocknen der Zelle zur Folge hat und bis zur Vernichtung der Zelle führen kann. Der Vorgang wird Oxidation genannt, weil dabei eine chemische Reaktion mit Sauerstoff (Oxygenium) stattfindet. Im Inneren unseres Organismus und an der Haut richten die freien Radikale ähnliche Schäden an wie beim Ranzigwerden von Fetten. Man könnte fast sagen, sie lassen uns ranzig werden, was den Alterungsprozess sichtbar vorantreibt. Auch dabei werden Fettpartikel oxidiert, was unabhängig vom Körpergewicht in der Menge betrachtet beachtlich ist, da alle Körperzellen in den Zellmembranen und auch im Zellinneren Fette enthalten. Ihre Oxidation wird Lipid-

info

Jeder kennt oxidative Prozesse aus dem Alltag, beispielsweise wenn Speisefett (Butter, Öl) ranzig wird. Der Einfluss des Luftsauerstoffs auf Fett bzw. Öl setzt eine Reaktion in Gang, bei der sofort freie Radikale entstehen, die Farbe, Geschmack und Konsistenz des Fettes beeinträchtigen und es schließlich verderben.

Die Ursachen freier Radikaler

- Schwermetalle, Stickoxide und Ozon in Abgasen, Nikotin
- Radioaktive Strahlung
- Röntgenbestrahlungen
- Nitrat, Pestizide und andere von der Landwirtschaft stammende Rückstände in Lebensmitteln
- Nitrit aus der Fleisch- und Wurstkonservierung
- Oxidierte Fette und Vitaminmangel in zu lange gelagerten Lebensmitteln
- Übermäßiges Essen
- Drogen, Medikamente
- Krankheiten
- (Dauer-)Stress
- Erschöpfung (z. B. nach extremer sportlicher Anstrengung)
- Zu viel Sonne

peroxidation genannt (Lipide = Fette) und ist die Hauptursache für das Aufkommen von freien Radikalen im Organismus. Bis zu 20 Tonnen reinen Sauerstoff atmet man durchschnittlich im Leben ein. Die Menge an freien Radikalen, die dabei im Körper entsteht, beträgt grob gerechnet eine Tonne. Zum größten Teil ist für diese freien Radikale die Fettoxidation verantwortlich.

info

Stellt man sich eine Hautzelle in der Größe eines Kürbisses vor, dann sind freie Radikale nicht einmal erbsengroß, dafür aber enorm zahlreich. Schätzungsweise 10 000-mal am Tag wird jede Hautzelle von freien Radikalen angegriffen. Wir würden binnen kurzem innerlich regelrecht verbrennen, hätten wir keinen Schutz vor den Mikroterroristen.

Oxidativer Stress

Ein gewisses Maß an freien Radikalen ist im Organismus weder vermeidbar noch unerwünscht. Die schädlichen Moleküle entstehen auch bei der ganz normalen Atmung bzw. Sauerstoffverwertung in den Mitochondrien unserer Körperzellen und werden in so genannten phagozytierenden Abwehrzellen sogar eigens vom Organismus hergestellt, um zerstörerisch auf körperfremde Substanzen einzuwirken. Problematisch wird es erst, wenn die freien Radikale überhand nehmen. Dann steht unserer Organismus unter »oxidativem Stress«. Ein solches Übermaß an freien Radikalen kann vielerlei Ursachen haben.

Tendenz zur Selbstverstärkung

Oxidativer Stress ist eine Erscheinung mit der Tendenz, sich selbst zu verstärken. Hier werden die fetthaltigen Membranen der Körperzellen angegriffen, da sie von allen Zellbestandteilen die meisten Elektronen aufweisen. Und auf die haben die freien Radikale es abgesehen. So ein Angriff ruft ein bestimmtes Enzym (Phospholipase A2) auf den Plan, das die Produktion von Arachidonsäure anregt. Diese Substanz wiederum ist der Ausgangsstoff für Gewebehormone (Prostaglandine), die Entzündungen fördern, auch auf zellulärer Ebene, was dann noch mehr freie Radikale entstehen lässt und den oxidativen Stress vervielfacht.

Photo-Aging

Typische Hautschäden, die durch oxidativen Stress verursacht werden, sind Altersflecken auf der Haut, bräunliche, oft kreisförmige Pigmentmale von unterschiedlicher Größe. Je mehr man davon hat, sagen die Wissenschaftler, desto größer war zeitlebens der oxidative Stress. Dafür wird der schädliche Einfluss der freien Radikale auf Fettbestandteile der Haut, die bei der Pigmentbildung eine Rolle spielen, verantwortlich gemacht. Die Oxidation der Fettpartikel, die Lipidperoxidation, lässt Zerfallsprodukte aufkommen, die sich an bestimmten Stellen der Oberhaut ansammeln und mit der Zeit verfärben (Amyloidanhäufungen). Unübersehbar ist hierbei der Einfluss des Lichts bzw. der Sonneneinstrahlung. Am häufigsten treten solche Fehlpigmentierungen bekanntlich an Körperstellen auf, die am stärksten dem Licht und der Sonneneinstrahlung ausgesetzt sind, etwa im Gesicht oder an Unterarmen und Handrücken. Im angloamerikanischen Raum nennt man solche Schäden deshalb Photo-Aging (lichtbedingte Hautalterung) im Gegensatz zu Intrinsic-Aging, dem innerlich bedingten Altern.

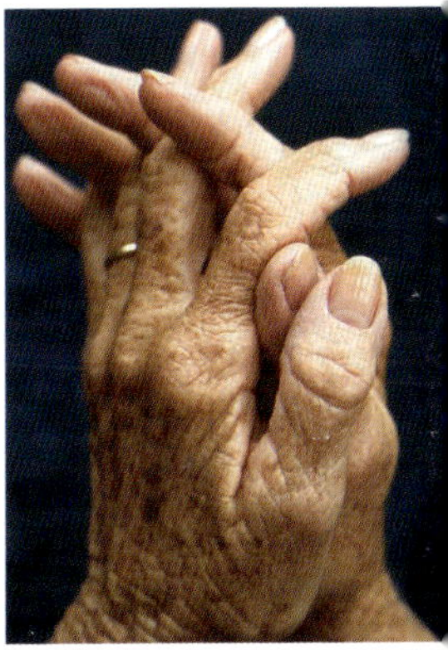

Die unter dem deutschen Namen »Altersflecken« bekannten Fehlpigmentierungen entstehen vorwiegend unter dem Einfluss auch sonst für die Haut schädlicher UV-Strahlen.

Kollagenschäden durch freie Radikale

Das Kollagen in der Haut, das für Geschmeidigkeit und Glätte sorgt, ist sehr anfällig für den Angriff freier Radikale, weil es jahrelang in der Haut verbleibt. Die Schäden, die den Eiweißmolekülen des Kollagens zugefügt werden, addieren sich also von Jahr zu Jahr. Freie Radikale sind eine der Hauptursachen für das Steifwerden der Kollagenmasse, da sie der Entstehung von unerwünschten cross links zwischen den Fasern Vorschub leisten. Dies geschieht auf vielerlei Weise, durch Beeinträchtigung der Zellgesundheit und des Zellteilungsvermögens seitens freier Radikaler, durch entzündungsfördernde und enzymatische Prozesse als Folge von Radikaleschäden und durch das Sonnenlicht.

info

Nach Meinung von Dermatologen sind bis zu 75 Prozent aller Alterserscheinungen der Haut durch UV-Strahlen hervorgerufen.

Sonnenlicht und Faltenbildung

Abgesehen von erblich bedingten Hautalterungsprozessen und starkem Zigarettenrauchen sind die lebenslang auf uns einwirkenden UV-Strahlen des Sonnenlichts die stärksten Altmacher der Haut. Kurzwelliges UVB-Licht bräunt die Haut, verursacht aber auch Sonnenbrand und schädigt die Zellkerne der Oberhaut. Die langwelligen UVA-Strahlen dringen bis tief in das Bindegewebe vor. Sie schaden den Kollagen- und Elastinfasern und lassen die Haut schlaff werden. Das Erscheinungsbild der meisten »Sonnenanbeter« spricht hier Bände.

Sonnenlicht macht unserer Haut in zweifacher Hinsicht zu schaffen. Erst einmal wird immer, wenn wir uns der Sonne aussetzen, die Produktion von freien Radikalen im Organismus angekurbelt, was sich mit Mikromessmethoden genau zeigen lässt. Zum zweiten beeinflussen die UV-Strahlen des Lichts enzymatische Prozesse, die die schädliche Wirkung der freien Radikale noch erhöhen.

Im Inneren unserer Hautzellen (und auch aller anderen Körperzellen) sind bestimmte Moleküle, die als Botenstoffe fungieren können. Wenn diese Moleküle aktiviert werden, dringen sie in den Zellkern ein und veranlassen die Zellen zu unterschiedlichen Aktivitäten. Werden diese Botenstoffe von freien Radikalen aktiviert, produzieren die Zellen entzündungsfördernde Substanzen, die den Zellen schaden und den Alterungsprozess vorantreiben. Unter dem direkten Einfluss der UV-Strahlen des Sonnenlichts lassen die Botenstoffe die Zellen zudem Enzyme hervorbringen, die kollagenauflösend wirken. Dabei entstehen winzige Narben an den Kollagenfasern, die der eigentliche Ursprung der Falten sind. Die Vernarbungen verdicken mit der Zeit, Ablagerungen sammeln sich an, und es kommt zu Verhärtungen und unerwünschten Querverbindungen im Faserwerk des Bindegewebes.

Die Haut vergisst nicht: Ein Übermaß an Sonnenbädern verschafft nur vorübergehend ein jugendliches, sportliches Äußeres.

Ohne Sonne geht es nicht

Ohne Sonnenlicht gäbe es kein Wachstum und kein Leben. Worauf es ankommt, ist, wie so oft, das richtige Maß. Und mit geeigneter Pflege lassen sich auch die veränderten Umweltbedingungen, sprich die erhöhten Strahlenbelastungen durch die Abnahme der Ozonschicht, gut bewältigen. Das deutet natürlich darauf hin, dass man in Erdregionen wie Australien, wo die Ozonschicht schon dramatisch ausgedünnt ist, wesentlich mehr auf den Schutz der Haut achten muss als bei uns.

→ Tipp

Sonne kann gesund sein: Leichte (!) Sonneneinstrahlung lässt in unserer Haut eine so genannte Schutzbräune entstehen. Sie beruht auf einer verstärkten Pigmentbildung, die bis zu einem gewissen Grad vor den schädlichen UV-Strahlen schützt.

Eine gewisse Menge an Sonnenlicht ist für unseren Organismus unabdingbar. Es gehört zu unserer

Existenz wie Wasser oder Sauerstoff. Nur mit seiner Hilfe können wir Vitamin D aus seinen Vorstufen wie Provitamin Ergosterin gewinnen. Vitamin D ist für das Knochenwachstum und den Erhalt des Knochenapparats, also zur Vorbeugung vor Osteoporose unerlässlich. Auch unsere Hormonproduktion und eine gesunde Hautdurchblutung hängen von der Sonnenbestrahlung ab.

Der Jungbrunnen ist ein uralter Traum der Menschheit – oder wie der Volksmund ironisch sagt: »Gäbs gegens Altern ein Salben, ich tät mich salben allenthalben.«

Das Rätsel des Älterwerdens

Das menschliche Genom, die Summe unserer Erbanlagen, ist von den Genetikern mittlerweile größtenteils entschlüsselt, und es lässt sich heute in etwa sagen: Die Hälfte der sichtbaren Hautalterungsprozesse ist unvermeidlich und Ergebnis eben unserer genetischen Vorgaben. Die andere Hälfte aber fußt auf schädigenden Einflüssen, die wir in Grenzen halten können und gegen deren Folgen man eine Menge ausrichten kann. Wissenschaftler, die sich der Erforschung der Wirkung von freien Radikalen auf den Organismus verschrieben haben, sehen diese als hauptverantwortlich für alle Alterungsprozesse an.

Wenn sich Zellen durch Teilung erneuern, müssen erst einmal die DNS-Stränge in den Chromosomen, in denen die Baupläne der Zellen gespeichert sind, eine exakte Teilung vollziehen, d. h., aus den alten DNS-Strängen müssen genaue Kopien hervorgehen, die nach wie vor alle Erbinformationen enthalten. Die Enden der DNS-Stränge, die so genannten Telomere, die keine wichtigen Erbdaten gespeichert haben, gehen dabei Stück um Stück verloren. Sind keine Telomere mehr vorhanden, verkürzen sich auch die wichtigen Erbinformationen bei jeder Zellteilung ein wenig, bis die Zellen nach Dutzenden von Teilungsvorgängen degenerieren, langsamer und schlechter funktionieren oder ganz absterben. Insofern wäre die Abnahme des Zellteilungsvermögens und damit das Altern ein unabänderlicher Vorgang, eine Art zellulärer Materialermüdung.

Man weiß aber auch, dass freie Radikale nicht nur die Zellmembranen, die äußeren Umhüllungen der Zellen angreifen, sondern auch im Zellinneren und im Zellkern wüten. Somit ist es gut möglich, dass die aggressiven Schadstoffmoleküle die Verkürzungen der DNS-Stränge bei den Zellteilungsprozessen mitverursachen und damit das Altern bewirken.

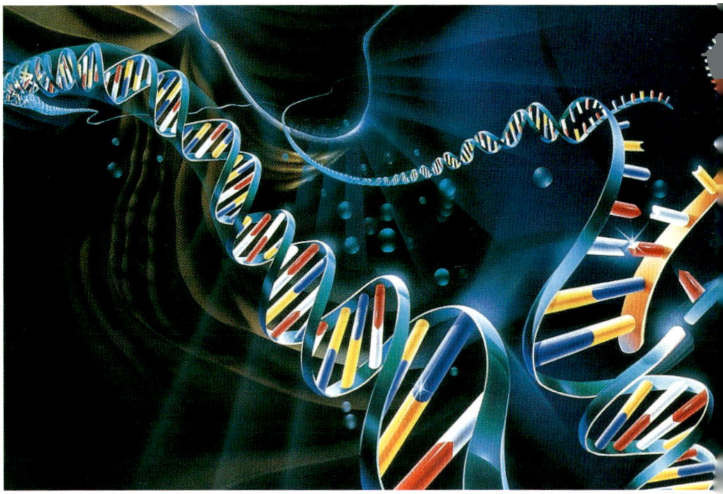

Die Doppelhelixstruktur der menschlichen DNS birgt unzählige Informationen. In ihr liegt auch verschlüsselt, wann und wie stark der individuelle Alterungsprozess einsetzt.

Selbstmord in den Zellen

Erwiesen ist bereits, dass freie Radikale Fettpartikel im Zellinneren in einer Weise oxdieren lassen, die beim Träger unseres Erbguts, der DNS, Fehlfunktionen hervorruft. In der Folge finden sich im Eiweißaufbau, der von der DNS veranlasst wird, abnorme Formen, die die körpereigene Abwehr auf den Plan rufen und eine Art Selbstmordprogramm in den Zellen aktivieren. Es kommt zu einem massiven und zuweilen überschießenden Angriff auf die deformierten Eiweißpartikel, der betroffene Zellen schädigen oder gänzlich zerstören kann. Je vertiefter die Erkenntnisse von der Wirkung freier Radikaler auch auf unser Erbgut werden, desto wahrscheinlicher scheint, dass zum Großteil sie es sind, die das Rad unserer vermeintlich vorgegebenen Zeit vorantreiben und nicht nur ein uns innewohnender Plan. Damit wären der Bekämpfung des Alterns zusätzliche Wege eröffnet und Phänomene wie Falten oder andere Hautalterungserscheinungen in Zukunft wohl kaum mehr als unabänderliche Erblast anzusehen. Hochwirksame Mittel gegen freie Radikale könnten dann nicht nur die bekannten Schäden und Krankheiten vermeiden helfen, die diese Schadstoffe anrichten, sondern das Altern an sich verzögern.

Junge Haut durch Antioxidanzien

Das Schlagwort »Antioxidanzien« ging als wahres Wundermittel durch die Presse. Tatsächlich wurden Stoffe entdeckt, die den Angriffen freier Radikaler vorbeugen oder bereits entstandene Schäden ausbügeln können. Ob innerlich oder äußerlich angewendet – für das jugendliche Aussehen der Haut sind sie unerlässlich.

Ob Obst und Gemüse, die richtigen Sorten Fette und Öle oder pflegende Cremes und Lotionen – wichtig ist ein hoher Gehalt an Antioxidanzien, den man Ihnen »an der Nasenspitze« ansehen kann.

Schutz für die Haut

Kampf den freien Radikalen lautet die Zauberformel, wenn es darum geht, einen jugendlichen Teint zu bewahren oder wiederzuerlangen. Da diese aggressiven Schadstoffmoleküle neben genetischen Faktoren die eigentliche Ursache der Hautalterung sind, muss man sich nur fragen, was sich gegen sie ausrichten lässt.

Ein Blick in die Geschehnisse innerhalb unseres Organismus bis hin zu den Vorgängen auf der Ebene unserer Körperzellen liefert die Antwort. Denn seit jeher muss sich der menschliche Organismus dem Kampf mit den freien Radikalen stellen. Die wirksamste Waffe dagegen sind die Antioxidanzien.

Safer Cells

Antioxidanzien sind, wie der Name sagt, Substanzen, die Oxidationen verhindern. Sie können erst einmal den Sauerstoff neutralisieren, ehe er die Fettbestandteile unserer Körperzellen angreift, und so das Aufkommen von freien Radikalen im Organismus begrenzen. Wichtiger ist aber, dass sie bereits entstandene freie Radikale davon abhalten, unsere Körperzellen zu attackieren und zu schädigen.

Auch wenn die Wirkmechanismen der Antioxidanzien zum Teil hochkomplex sind und in manchen Detailfragen noch nicht geklärt werden konnten, so funktionieren sie im Wesentlichen doch alle nach demselben Prinzip. Sie stellen den freien Radikalen das Elektron zur Verfügung, das den Radikalen fehlt, und machen sie dadurch zu harmlosen, unschädlichen Substanzen, die nicht mehr auf unsere Körperzellen losgehen müssen, um sich zu komplettieren.

Auch außerhalb des menschlichen Organismus kann man die Wirkung von Antioxidanzien beobachten. Hierzu zählt beispielsweise die Wirkung eines der bekanntesten Antioxidanzien, des Vitamin E, das besonders reichlich in pflanzlichen Ölen vorkommt. Es verhin-

info

Es gibt viele verschiedene Antioxidanzien: Vitamine (A, C, E), Bioflavonoide, Mineralstoffe (Selen), Aminosäuren (Zystin, Methionin) und Enzyme (Q10), die entweder vom menschlichen Organismus selbst hergestellt werden oder als natürliche Nahrungsmittelbestandteile zu finden sind.

Vitamin E kann zudem Enzyme hemmen, die beim Arachidonstoffwechsel eine Rolle spielen. Arachidonsäure kann Entzündungen fördern und damit ein zusätzliches Aufkommen an freien Radikalen im Organismus bewirken.

dert, dass solche Öle an der Luft vorzeitig ranzig werden, und wird von Speiseöl- und auch Kosmetikherstellern noch zusätzlich zugesetzt, wenn ihre Ölprodukte für Oxidationen besonders anfällig sind (z.B. aufgrund eines hohen Anteils an mehrfach ungesättigten Fettsäuren).

Zellschutz durch Vitamin E

Vitamin E ist seit den 1930er Jahren bekannt. Es gelang damals zum ersten Mal, es aus Weizenkeimöl zu isolieren. Mittlerweile weiß man, dass das »Ölvitamin« eine der stärksten Waffen gegenüber freien Radikalen darstellt und ein Großteil seiner positiven gesundheitlichen Wirkungen wie die Vorbeugung von Herzbeschwerden oder Gefäßverkalkungen auf seinen antioxidativen Eigenschaften beruht. Solche Erkrankungen werden meist von oxidierten LDL-Cholesterin-Partikeln verursacht, die in den Gefäßen gefährliche Ablagerungen bilden.
In unserem Organismus wird Vitamin E vorwiegend in den Zellmembranen, den Schutzhüllen der Zellen gespeichert, da es fettlöslich ist und die Zellmembranen vorwiegend aus Fetten und Eiweiß bestehen (Phospholipide). Dort bewahrt

Im Test erfolgreich

- Bereits in den 1950er Jahren konnte in einem wissenschaftlich kontrollierten Laborversuch an der Universität von Nebraska (USA) das Leben von Mäusen deutlich verlängert werden, indem man ihr Futter mit Antioxidanzien anreicherte.
- Unstrittig ist auch, dass die gestiegene Lebenserwartung in den Industrienationen nicht zuletzt auf eine bessere Lebensmittelversorgung zurückgeht, die eine bessere Versorgung mit Antioxidanzien wie Vitamin C oder E automatisch beinhaltet.

es die empfindlichen mehrfach ungesättigten Fettsäuren vor oxidativen Schäden und erhält die Zellmembranen für aufzunehmende Nährstoffe und Sauerstoff sowie ausscheidungspflichtige Substanzen durchlässig. Diese »Fluidität« der Zellmembranen ist besonders für Hautzellen wichtig, um ihr Austrocknen zu verhindern. Für unsere Hautzellen stellt Vitamin E ein natürliches Mittel dar, das vor vorzeitigen Alterserscheinungen schützt.

Zudem weiß man mittlerweile, dass Vitamin A und eine Reihe von Enzymen, die für das Immunsystem unerlässlich sind, von Vitamin E vor Oxidationsprozessen geschützt werden, was unser Abwehrsystem fit hält.

Aufgrund dieser und vieler anderer Erkenntnisse über die segensreichen Wirkungen des Vitamin E sind manche Wissenschaftler davon überzeugt, unser jugendliches Aussehen und sogar unser Leben ließen sich um wenigstens 20 Jahre verlängern, wenn wir uns vermehrt mit Vitamin E versorgen würden.

Kaltgepresste Pflanzenöle stehen auf der Hitliste der Vitamin-E-Lieferanten ganz oben. Den höchsten Gehalt an Vitamin E haben neben Weizenkeimöl Distel- und Sonnenblumenöl mit 75 Milligramm pro 100 Gramm.

Richtige Ernährung

Die Frage ist nun, wie wir unseren Körperzellen bzw. unseren Hautzellen mehr Vitamin E als bisher zukommen lassen können. An erster Stelle steht hier eine optimale Ernährung, die reich an Vitamin-E-haltigen Nahrungsmitteln ist. Alle pflanzlichen Öle und allen voran Weizenkeimöl (280 Milligramm pro 100 Gramm Öl) enthalten reichlich Vitamin E. Auch Nüsse und Sonnenblumenkerne liefern recht große Mengen des Vitamins. Wichtig ist aber, dass die Produkte frisch sind, was vor allem für Obst und Gemüse gilt, die ebenfalls ein wenig zur Vitamin-E-Versorgung beitragen können. Sind solche Naturprodukte zu alt, können, längst bevor wir es sehen, Peroxidationen von Fettbestandteilen stattgefunden haben, was uns dann zusätzliche freie Radikale beschert. Die Abnahme des Vitamingehalts in zu lange gelagerten Lebensmitteln steht damit in direktem Zusammenhang, da die Vitamine eben vor Oxidationen schützen.

Als Behelf sind für eine optimale Vitamin-E-Versorgung auch Vitaminpräparate geeignet.

→ Tipp

Findet sich auf der Verpackung von Vitaminpräparaten die Bezeichnung Alpha-Tokopherol oder schlicht Vitamin E, ist meist künstliches Vitamin E zugesetzt. Es wirkt um ein Drittel schwächer als das D-Alpha-Tokopherol natürlichen Ursprungs.

Richtige Pflege

Die Haut kann nicht nur von innen, sondern auch von außen mit Vitamin E versorgt werden. Moderne kosmetische Präparate machen das zellschützende Vitamin E auch tieferen Hautschichten verfügbar. An der Universität Berkeley/Kalifornien wurde im Jahr 2000 eine (im übrigen preisgekrönte) Studie vorgestellt, die zweifelsfrei erwies, dass von außen aufgetragenes Vitamin E wirklich tief in die Haut eindringt und dort seine wohltuende Wirkung entfaltet. Bisher war man nur von einem oberflächlichen Effekt solcher Cremes überzeugt. Allerdings erfordert es nach wie vor einige Kunstfertigkeit, eine wirksame Vitamin-E-Creme auf den Markt zu bringen, da die Studie auch zeigte, dass die Vitamin-E-Konzentration zehn Prozent betragen muss, was die Präparate unter Umständen unangenehm fettig macht.

Das Supervitamin E

Vitamin E ist nicht gleich Vitamin E. Vielmehr handelt es sich dabei um acht verschiedene Substanzen, die Tokopherole und Tokotrienole genannt werden und die in Alpha-, Beta-, Gamma- und Delta-Formen unterteilt sind. Bisher, so zeigten die meisten Untersuchungen, hat das Alpha-Tokopherol die stärkste antioxidative Wirkung. Deshalb wurde diese Form auch in die meisten kosmetischen Präparate, die Vitamin E enthalten, eingearbeitet. Genauer gesagt wurden aus Halt-

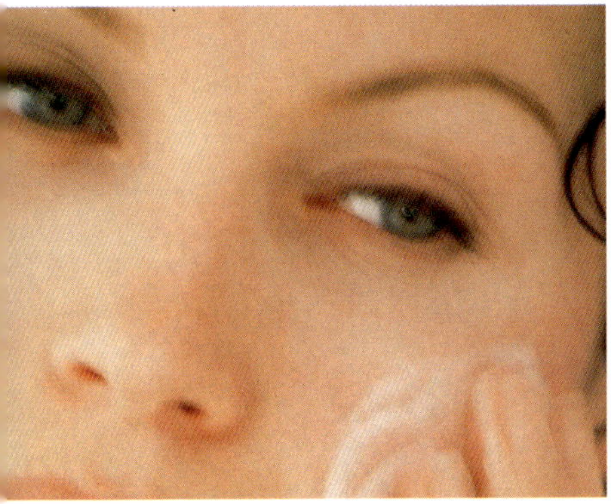

Mittlerweile sind auch viele Kosmetikprodukte auf dem Markt, die Vitamin E enthalten und sich recht gut zur ergänzenden Pflege eignen.

barkeitsgründen veresterte Formen (wie z. B. Alpha-Tokopherolazetat) verwendet, was ihrer Wirksamkeit jedoch keinen Abbruch tut.

Radikalefänger in der Creme

Neueste Untersuchungen aus den USA deuten darauf hin, dass die Tokotrienole wirksamer sein könnten als das Alpha-Tokopherol. Im Laborversuch zeigten sie 40- bis 50-mal stärkere Effekte. Die Erklärung dafür liefert die Struktur der Tokotrienole. Sie verfügen im Gegensatz zu den Tokopherolen in einer Seitenkette aus Kohlenwasserstoffen über eine Doppelbindung, die sie chemisch gesehen ungesättigt macht. Sie stellen reaktionsfreudige Radikalefänger dar, die in Cremes eingearbeitet, so die ersten Testreihen, deutlich bessere Ergebnisse lieferten als herkömmliche Vitamin-E-Präparate. Die Einnahme von Tokotrienolkapseln gilt als probates Mittel, den Cholesterinspiegel zu senken, weil sie ein cholesterinförderndes Enzym hemmen können, was mit Medikamenten nur unter Nebenwirkungen gelingt.

Mittlerweile arbeitet die Kosmetikforschung an Tokotrienolextrakten aus Reiskleie und Palmöl, die bald – vermutlich im Jahr 2001 – in Cremes, Shampoos und Lotionen auf den Markt kommen werden. Aufgrund ihrer antioxidativen Kraft werden solche Präparate wahrscheinlich eine neue Ära im Kampf gegen vorzeitige Hautalterungserscheinungen einläuten. In Zukunft gilt es also nicht nur, darauf zu achten, möglichst Vitamin-E-haltige Kosmetika

→ Tipp

Vitamin-E-Präparate äußerlich anwenden: Vitamin-E-Kapsel aufstechen und den Inhalt auf die Haut auftragen. Das mildert feine Fältchen.

zu verwenden, sondern speziell tokotrienolhaltige Präparate. Man erkennt sie an der Aufschrift »HPE«, was hochpotenziertes Vitamin E bedeutet.

Vitamin C

Wie wichtig eine gute Vitamin-C-Versorgung für unseren Organismus und die Gesundheit ist, hat sich im Bewusstsein der meisten längst verankert. Erstaunlich ist auch die direkte Wirkung von Vitamin C auf unsere Haut. Schon eine halbe Stunde nach dem Genuss eines frischen Grapefruit- oder Zitronensafts steigt die Kollagenproduktion in der Haut an. Vitamin C stimuliert das Wachstum der Fibroblasten, der Körperzellen, die Kollagen hervorbringen, und hilft, die Eiweißbausteine des Kollagens (Glyzin, Prolin) zu einem elastischen Gewebe zu verbinden. Auch die allgemein entzündungshemmende Wirkung von Vitamin C erhält die Haut jugendlich und straff. Es greift ähnlich dem Vitamin E in den Arachidonstoffwechsel ein, was weniger entzündungsfördernde Gewebehormone aufkommen lässt. Mikroentzündungen auf zellulärer Ebene der Haut sind ein Grund für Falten.

info

Vitamin C (Askorbinsäure) ist eines der wirkungsstärksten Antioxidanzien. Es hilft unseren Körperzellen, freie Radikale abzuwehren, kräftigt unser Immunsystem, ist an der Energiegewinnung im Zellinneren beteiligt und sorgt mit seinem Einfluss auf die Produktion von Botenstoffen (Neurotransmittern) im Nervensystem dafür, dass wir überhaupt funktionieren und agieren können.

Kosmetische Vitamin-C-Präparate

Es bedurfte einiger Anstrengungen seitens der kosmetischen Industrie, Vitamin C in Salben, Cremes und andere Präparate einzubringen, um von außen erfrischend auf die Haut einwirken zu können. Reines Vitamin C hält sich nicht lange und dringt normalerweise nicht tief in die Haut ein. Ein viel versprechender Versuch war, das Vitamin zu verestern, mit einer Fettsäure des Palmöls zu verbinden. Vitamin-C-Ester ist durch den Palmölbestandteil fettlöslich und nicht mehr nur wasserlöslich wie herkömmliches Vitamin C. So kann die Substanz in tiefere Hautschichten gelangen. Sie entfaltet auch im Bereich der fetthaltigen

Zellmembranen ihre antioxidative Wirkung und nicht nur im wässrigen Zellinneren, wie die wasserlösliche Form dieses Vitamins. Sonnenbrand, alle Arten von Falten und sogar Schuppenflechte konnten durch längere Anwendungen mit Vitamin-C-Ester-Präparaten bereits erfolgreich behandelt werden. Vitamin-C-Ester unterbindet auch den reinen Säurecharakter von Vitamin C, der bei manchen Menschen Hautirritationen hervorbringt. Und, ein nicht zu unterschätzender Vorteil, Vitamin C ist in veresterter Form lange, mitunter Jahre, in Präparaten haltbar.

Frische für die Haut

Andere Hersteller gehen andere Wege, der Haut reines Vitamin C von außen verfügbar zu machen, beispielsweise durch Präparate zum Anrühren oder eine Aktivierung der Substanz erst durch die Hautfeuchtigkeit. Damit umgehen sie das Haltbarkeitsproblem. Diese Präparate sind, was die Wirksamkeit von Vitamin C anbelangt, ebenfalls effektiv. Hier ist allerdings auf eine geeignete Dosierung zu achten und ein Zuviel zu vermeiden. Inwieweit sie in tiefere Hautschichten vordringen können, ist noch fraglich. Doch eigentlich muss man nur an eine Zitrone denken, um zu spüren, wie auch unsere Haut sich erfrischt, wenn wir sie mit einem zentralen Bestandteil dieser Frucht, eben dem Vitamin C, verwöhnen.

Ab und zu in eine frische Zitrone zu beißen, trägt nicht nur zur Gesichtsgymnastik bei und stärkt das Immunsystem. Es fördert auch die Kollagenbildung in der Haut, die hauptsächlich für ein jugendliches Aussehen verantwortlich ist.

Zeitverzögerte Wirkstoffabgabe

Mit der Nahrung aufgenommenes Vitamin C ist rasch verbraucht. Deshalb raten Experten dazu, sich lieber mehrmals am Tag einen kleinen Vitamin-C-Push zu verschaffen, als einmal am Tag einen großen. Ähnlich verhält es sich mit Vitamin C, das von außen auf die Haut aufgebracht wird. Es verflüchtigt sich binnen kurzem. Doch dieses Problem ist dank modernster technologischer Finessen weitgehend gelöst. Es gibt bereits Vitamin-C-Präparate, in denen der Vitalstoff chemisch so verpackt ist, dass er nur langsam, sozusagen zeitverzögert an die Haut abgegeben wird. Solche Kosmetika liefern kontinuierlich über zwölf Stunden lang Vitamin C und gewährleisten praktisch einen Rundumschutz.

→ Tipp

Zitronensaft hilft, Pigmentflecken zu bleichen. Zur Entfernung optisch wirklich störender Flecken gibt es eine Reihe von operativen Möglichkeiten.

Vitamin A

In den Forschungsabteilungen der großen Kosmetikhersteller gilt Vitamin A derzeit als das vielseitigste Vitamin. Es wird wie Vitamin C oder E oft in veresterter Form in Cremes und Präparate eingebracht und konnte bei längerem Gebrauch Alterserscheinungen der Haut, die auf Sonneneinstrahlung und Umweltschäden zurückgehen, deutlich lindern. Mit modernen Mikromessverfahren ließen sich nach der Applikation von Vitamin-A-Produkten eine gesteigerte Zellaktivität und Enzymtätigkeit und in der Folge eine verbesserte Hautstruktur feststellen.

Vitamin A hat einen sanften Peelingeffekt, indem es verbrauchte Zellen der obersten Hautschicht abträgt. Wichtiger ist aber, dass es die Zellteilungsaktivität in der Basalschicht ankurbelt und damit das Bindegewebe stärkt. Das verdickt die Haut und füllt Fältchen von innen heraus auf. In der Nacht zwischen 22 und 4 Uhr ist unsere Haut von Kopf bis Fuß auf Regeneration eingestellt. Messungen ergaben, dass Hautzellen in dieser Zeit besonders aufnahmefähig für verschiedene Wirkstoffe sind. Vitamin-A-haltige bzw. so genannte Retinolpräparate sollten deshalb bevorzugt als Nachtpflege aufgetragen werden.

Allerdings ist bei diesen Präparaten verstärkt auf die Dosierung zu achten: Zu wenig bringt nichts, zu viel kann möglicherweise schaden, obgleich moderne Präparate Letzteres nahezu ausschließen. Und in jedem Fall bedarf es längerer Anwendungszeiträume, bis sich deutliche Wirkungen zeigen; einige Monate sollte man schon in die Anwendung investieren.

Karotinoide halten jung

Die Hauptversorgung unserer Hautzellen mit Vitamin A erfolgt über die Ernährung. Mit geschultem Blick lässt sich die Vitamin-A-Versorgung eines Menschen nahezu direkt erkennen. Straffe und jugendliche Haut lässt fast immer auf einen optimalen Vitamin-A-Spiegel schließen. Vitamin A ist ein starkes Antioxidans, das freien Radikalen, den Hauptfeinden jugendlichen Aussehens, wirksam Paroli bietet. Seine zellschützenden Eigenschaften geben der Haut Fülle und Spannkraft.

Im übrigen Organismus gilt Vitamin A als Stabilisator des Immunsystems. Es regt die für die Abwehrkräfte so wichtige Thymusdrüse zu ihrer vollen Funktion und vollem Wachstum an und steigert die Produktion weißer Blutkörperchen, die Entzündungen bekämpfen. Das schützt die Haut wiederum vor Falten verursachenden Infektionen und Verhornungen.

Nicht zuletzt ist Vitamin A unerlässlich für unsere Sehkraft. Nur mit seiner Hilfe können wir das Sehpurpur Rhodopsin bilden, das molekulare Botenstoffe aktiviert, die im Gehirn eine optische Wahrnehmung entstehen lassen.

Vitaminfabrik im Körper

- Vitamin A beziehen wir nicht immer direkt aus der Nahrung. Vielmehr nehmen wir meist Karotinoide wie Beta-Karotin mit der Nahrung auf. Es handelt sich dabei um Vorläufersubstanzen (Provitamine), die im Organismus in Vitamin A umgewandelt werden und so im Endeffekt dieselbe Wirkung erzeugen.
- Man nennt diese Stoffe oft Karottenvitamine, da sie an rötlichen und insgesamt intensiven Farbgebungen von Obst und Gemüse beteiligt sind. Den höchsten Karotinoidanteil haben Karotten, Kürbisse, Papayas und Tomaten.

Synergetische Effekte

Vitaminhaltige Präparate für die äußere Anwendung profitieren, was ihre Haltbarkeit anbelangt, von dem Zusammenwirken mehrerer Vitamine. Beispielsweise hilft Vitamin C, in Cremes eingebracht, sowohl Vitamin A als auch Vitamin E vor oxidativen Schäden durch aggressive Sauerstoffmoleküle zu bewahren. Das macht die Vitamine A und E haltbarer und wirkungskräftiger. Auch im Inneren unserer Haut wirken diese Substanzen in einer sich ergänzenden und gegenseitig unterstützenden Weise, was als synergetisch bezeichnet wird. Hat etwa Vitamin E seine Aufgabe als Radikalefänger in den Zellmembranen erfüllt, ist es lapidar gesagt, ziemlich lädiert. Seine Funktionsfähigkeit kann aber wiederhergestellt werden, wenn ausreichend Vitamin C zugegen ist. Es repariert das angeschlagene Vitamin E und verlängert seine zellschützende Kraft.

Mittlerweile sind auch einige Drinks auf dem Markt, in denen die Vitamine A, C und E kombiniert werden. Sie sind zwar nicht so wirkungsvoll wie äußerlich angewendete Cremes, zur unterstützenden Ernährung jedoch bestens geeignet.

Besonders die Kombination aus Vitamin A und C gilt als schlagkräftiges Team im Kampf gegen zahlreiche Hautalterungserscheinungen. Mit High-Tech-Methoden ist es gelungen, das Duo in Cremes einzubringen. Vitamin C aktiviert vor allem die äußeren Hautschichten, Vitamin A dringt auch in tiefere Bereiche vor. Zusammen gewährleisten sie eine erfrischende und hautverjüngende Wirkung.

Einen besonders strahlenden Teint erhalten Sie, wenn Sie den Körper mit einer Kombination der Vitamine A, C und E verwöhnen.

Einen Monat lang jeden Abend aufgetragen, schaffen solche Produkte eine Verringerung der Faltentiefe bis zu 50 Prozent und lassen den Teint sichtbar strahlender werden.

Beim Kauf von vitaminhaltigen Salben, Cremes und anderen Präparaten sollte deshalb gelten: Präparate mit mehreren antioxidativen Vitaminen (wie z. B. A, C, E und Beta-Karotin) sind solchen mit nur einem Vitamin vorzuziehen.

Weniger Zucker!

Statistisch gesehen verbraucht jeder Einwohner der Bundesrepublik 100 Gramm Zucker (Saccharose, Industriezucker) am Tag, ein Wert, der auf einen eklatanten Ernährungsfehler hinweist, gerade, wenn es um unser Äußeres geht. Denn zu viel Zucker schadet der Haut und lässt uns schnell alt aussehen, eine Tatsache, die gemeinhin nicht bekannt ist. Dies hat zum einen damit zu tun, dass Zucker bei seiner Verstoffwechselung Vitamine wie das wichtige Vitamin C blockiert, das für die Jugendlichkeit unserer Haut dringend nötig ist. Zum zweiten kann Zucker die Kollagenfasern in der Haut direkt schädigen, verhärten lassen und sie ihrer Geschmeidigkeit berauben, gerade so, wie freie Radikale es tun. Dieser Vorgang wird Glukosidationsalterung genannt und wird von dem Wort »Glukose« abgeleitet. Die Zuckersubstanz gewinnt unsere Leber aus aufgenommenem Zucker und anderen Kohlenhydraten. Glukose kann im Bereich des Kollagens regelrecht toxische Eigenschaften entwickeln, wovon besonders Diabetes-mellitus-Patienten betroffen sind. Bei ihnen ist infolge einer gestörten Insulinsituation der Zucker- bzw. Glukosespiegel im Blut zu hoch. Sie neigen um ein Drittel eher zu sichtbaren Alterserscheinungen als Nicht-Diabetiker. Niedrige Blutzuckerwerte schonen die Geschmeidigkeit der Kollagenpartikel unserer Haut und erhalten uns jung.

→ Tipp

Wer auf raffinierten Zucker verzichten möchte, kann auf viele alternative Süßungsmittel zurückgreifen. Am besten eignen sich Agavendicksaft, Ahornsirup, Honig, Malzextrakt, Zuckerrohrmelasse und auch Trockenfrüchte.

Ein frischer Obstsalat – ohne Zucker angemacht – ist sicherlich eines der wirkungsvollsten und köstlichsten Anti-Aging-Mittel überhaupt.

Präparate gegen Zuckerschäden

Auch in den Anti-Aging-Abteilungen der großen Kosmetikhersteller hat man das Zuckerproblem erkannt. Spezielle Vitamin- und Wirkstoffkombinationen wurden geschaffen, die gerade den Süßschnäbeln unter uns im Kampf gegen Fältchen beistehen. Nach ein- bis zweimonatiger Anwendung der Präparate, so zeigten Testreihen, konnte die Faltentiefe um ein Drittel reduziert und die Haut deutlich gestrafft werden. Wer viel Süßigkeiten isst, sollte in der Parfümerie oder Apotheke gezielt nach Präparaten fragen, die gegen die Glukosidationsalterung gerichtet sind.

Wirkungskräftige Pflanzenstoffe

In Frischobst, Gemüse, Salaten, Müslis usw. sind bestimmte antioxidative Substanzen enthalten, die sich – aus Sicht der Ernährungswissenschaft und auch der Kosmetikforschung – als wirkungskräftiger erweisen als die bekannten Vitamine A, C und E. Im Jahr 2000 stellten New Yorker Wissen-

Viel versprechende Cosmeceuticals

- Bei neueren Anti-Aging-Hautpräparaten, so dachten sich wortfindungsreiche US-Forscher, handelt es sich eigentlich nicht mehr um Kosmetik (cosmetic), sondern fast schon um Arzneimittel (pharmaceuticals). Daraus wurde der zusammengesetzte Begriff »cosmeceuticals«, den man in etwa mit medizinische Kosmetik oder kosmetisches Therapeutikum übersetzen könnte.
- Dabei handelt es sich um moderne Präparate, die wie Heilmittel auch in tieferen Hautschichten Wirkungen entfalten, um Fältchen, Falten, geplatzte Äderchen oder andere Alterserscheinungen unserer Umhüllung zu bekämpfen.

schaftler beispielsweise eine Studie vor, die zeigte, dass Äpfel 260-mal stärker vor Oxidationen schützen, als ihr Vitamin-C-Gehalt es vermuten ließe.
Die Ursache dafür: sekundäre Pflanzenstoffe, die für die natürliche Farb-, Geruchs- und Geschmacksgebung von Frischkost sorgen. Sie betätigen sich im menschlichen Organismus äußerst erfolgreich im Kampf gegen freie Radikale und unterstützen die klassischen Vitamine massiv in einer synergetischen Weise. Eindeutiger Beleg für die Kraft der sekundären Pflanzenstoffe ist die Tatsache, dass Vitaminpräparate zum Einnehmen weniger bewirken als die gleiche Menge Vitamine in Form von Obst und Gemüse, die eben auch reichlich sekundäre Pflanzenstoffe zu bieten haben.

Bioflavonoide

Eine Gruppe der sekundären Pflanzenstoffe nennt man Bioflavonoide (Rutin, Zitrin, Hespertin, Querzetin). Sie sind an der Farbgebung von Früchten beteiligt und stecken im Fruchtfleisch, nicht jedoch im Saft. Im menschlichen Organismus wirken sie entzündungshemmend, abwehrkräftigend und gefäßschützend. Bioflavonoide steigern die Wirkung von Vitamin C, regen die Zellatmung an und verbessern die Sauerstoffversorgung im Gewebe. Krampfadern, Venenentzündungen, Zellulite und Bindegewebsschwäche sollen nicht zuletzt auf eine Mangelversorgung mit Bioflavonoiden zurückgehen.

Bioflavonoide in der Kosmetik

Jüngste Kosmetikforschungen haben unter den Bioflavonoiden präparatetaugliche Substanzen ausgemacht, die wenigstens zehnmal stärker als z. B. Vitamin E wirken sollen und unter Namen wie »α-Flavon« vertrieben werden. Wissenschaftliche Untersuchungen mit Hautpräparaten, die α-Flavon (Alpha-Glykolsylru-

→ Tipp

Eine besonders reichhaltige Quelle für das vielfältige Bioflavonoid Rutin ist Buchweizen (kein Getreide, sondern Bucheckern ähnelnde Samen). Aus Buchweizen lassen sich köstliche Pfannkuchen, Risottos, Suppen oder Aufläufe zubereiten. Wer keinen Buchweizen mag und insgesamt wenig pflanzliche Kost zu sich nimmt, sollte durchaus auf Bioflavonoidmischungen (auch Vitamin P genannt) aus der Apotheke zurückgreifen, am besten in Verbindung mit Vitamin-C-Zubereitungen.

tin) enthalten, ergaben eindeutige Ergebnisse. Flavonoide sind hochwirksame Antioxidanzien, die u. a. die Kollagen produzierenden Zellen in der Dermis, die Fibroblasten, vor Funktionsbeeinträchtigungen durch freie Radikale bewahren und damit einer Faltenbildung gegensteuern. Mikromessmethoden, die von freien Radikalen erzeugte Stoffwechselveränderungen aufspüren, geben darüber Auskunft. Auch eine entzündungshemmende und hautverjüngende Wirkung der von außen aufgetragenen Flavonoide ist inzwischen erwiesen.

Es steht zu hoffen, dass jetzt von Jahr zu Jahr neue, kosmetiktaugliche Pflanzenextrakte aus der Gruppe der Flavonoide gefunden werden, die noch wirkungsvoller sind als die bisher bekannten, herkömmlichen Vitaminformeln und die unsere Vorstellungen von effizienter Hautpflege möglicherweise sogar revolutionieren könnten.

info

Cremes und Salben mit Flavonoiden stellen gerade bei lichtbedingten Alterungserscheinungen der Haut (Photo-Aging) einen effektiven Schutz dar. Sie aktivieren die hauteigenen Schutzmechanismen und spenden Tiefenfeuchtigkeit. Bereits einwöchige Anwendungen können das Hautbild verändern.

Alpha-Liponsäure

Alpha-Liponsäure ist eine Substanz, die gegenüber anderen Antioxidanzien einen entscheidenden Vorteil aufweist. Sie ist sowohl fett- als auch wasserlöslich und kann deshalb in den fetthaltigen Zellmembranen und im wässrigen Zellinneren ihre Schutzkraft gegenüber freien Radikalen entfalten. Die meisten anderen Antioxidanzien sind entweder fett- oder wasserlöslich und damit in ihrem Wirkungsbereich begrenzt.

Alpha-Liponsäure ist in jeder unserer Körperzellen zu finden, aber auch in Pflanzen und in tierischen Geweben. Von unseren Nahrungsmitteln enthält Spinat am meisten davon, gefolgt von Brokkoli, Tomaten, Erbsen, Sprossen und Naturreis. Im menschlichen Organismus entfaltet die Substanz vielfältige Wirkungen. Alpha-Liponsäure spielt eine fundamentale Rolle im Stoffwechselgeschehen, indem sie wichtige Enzyme unterstützt, die bei der Verwertung von Kohlenhydraten, beim Eiweißabbau und im Zitronensäurezyklus Schlüsselstel-

lungen einnehmen. Sie ist an der Energieproduktion in unseren Körperzellen beteiligt und hat die Eigenschaft, besonders schnell antioxidativ zu wirken, sobald sie den Zellen zugeführt wird. Binnen Sekunden kann die Säure oxidative Effekte stoppen. Andere Antioxidanzien wie Vitamin C oder E profitieren ebenfalls von der Alpha-Liponsäure. Sie macht sie haltbarer und verlängert ihre Wirkzeit. Auch die entzündungshemmende Eigenschaft der Alpha-Liponsäure ist erwiesen. Sie blockiert innerzelluläre Botenstoffe, die die Zellen zur Produktion entzündungsfördernder Substanzen anregen. Dies ist besonders für unsere Haut eine Wohltat, da unter den Botenstoffen auch solche sind, die Kollagen auflösende Enzyme entstehen lassen, die Falten verursachen. Nicht zuletzt hemmt die Alpha-Liponsäure Zucker daran, mit Eiweißmolekülen des Kollagens eine Verbindung einzugehen, indem sie eine bessere Verstoffwechselung des Zuckers in den Körperzellen garantiert. Zucker-Eiweiß-Verbindungen sind neben freien Radikalen die Hauptfeinde eines geschmeidigen Bindegewebes und damit einer straffen, faltenfreien Haut.
Sollten sich bereits solche verhärteten Zucker-Eiweiß-Verbindungen im Kollagen eingestellt haben, gelingt es der Alpha-Liponsäure teilweise sogar noch, sie wieder aufzulösen.

Eine straffe und faltenfreie Haut ist nicht nur ein Geschenk der Natur. Mit der richtigen Pflege können Sie selbst viel für Ihr Äußeres tun.

Wer Alpha-Liponsäure mit der Nahrung zu sich nehmen möchte, kann sich über Spinatgerichte mit dem Biostoff versorgen. Frischer, junger Blattspinat, mit einer Zwiebel und einem Essig-Öl-Dressing angemacht, stellt eine abwechslungsreiche und köstliche Variante zu den herkömmlichen Spinatzubereitungen dar.

Kosmetische Präparate mit Alpha-Liponsäure

Alpha-Liponsäure gilt in kosmetischen Produkten als eines der viel versprechendsten Antioxidanzien der neueren Generation und findet derzeit in den USA viel Zuspruch. Europäische Hersteller bringen sie mittlerweile auch zur Produktreife. Ein italienisches Präparat ist bereits auf dem Markt, deutsche Cremes sollen in Kürze folgen.

Fitmacher für die Haut – Koenzym Q10

Die meisten Enzyme bestehen aus Eiweiß (Apoenzymen) und anderen Substanzen wie vitaminähnlichen Stoffen oder Spurenelementen, die Koenzyme genannt werden.

Koenzym Q10 ist eine vitaminähnliche Substanz, die unser Organismus für vielerlei Steuerungsprozesse braucht und daher selbst aus Aminosäuren erzeugen kann. Eine wichtige Quelle für unsere Q10-Versorgung ist aber auch die Nahrung. Die Q10-reichsten Lebensmittel sind Fisch, Fleisch, Nüsse und Hülsenfrüchte. Seit Q10 auch künstlich zu annehmbaren Preisen hergestellt werden kann, ist es ein Renner auf dem Markt für Nahrungsergänzungsmittel und bei Kosmetikherstellern, denen gelungen ist, das Koenzym in Salben und Emulsionen einzubringen. Auch in der Medizin, bei Blut-

Alpha-Liponsäure – nachgewiesene Wirkung

- Testreihen mit äußerlich aufgetragenen Alpha-Liponsäure-Produkten zeigten erstaunliche Ergebnisse. Bei zweimal täglicher Anwendung bildeten sich bei einigen Testpersonen schon binnen weniger Tage Tränensäcke signifikant zurück. Nach zwei Wochen zeigten alle Testpersonen ein gesünderes Hautbild und zählbar weniger vergrößerte Poren.
- Nach zwei bis drei Monaten schließlich schwanden bei den meisten die kleineren Augenfältchen, und die Tiefe stärkerer Falten nahm deutlich ab. 70 Prozent von Aknevernarbungen bildeten sich bei Betroffenen zurück. Auch geplatzte Äderchen bzw. Rötungen der Gesichtshaut (Couperose, Rosacea) schwächten sich aufgrund der Alpha-Liponsäure-Applikationen deutlich ab.

hochdruck, Herzbeschwerden, Leistungsabfall oder Hautkrankheiten wird verstärkt auf Q10 gesetzt. Es kräftigt das Immunsystem, hilft bei biochemischen Vorgängen des Stressabbaus, unterstützt die Lebertätigkeit und erhält die Funktionstüchtigkeit des Nervensystems.
Das Geheimnis dieser Substanz ist seine Wirkung auf unsere Körperzellen. Es schützt sie vor freien Radikalen und ist ein wesentlicher Faktor bei der Energiegewinnung in den winzigen Kraftwerken der Zellen, den Mitochondrien. Dort werden aus der Nahrung gewonnene Stoffe zu Wasser und Kohlendioxid abgebaut, wobei Energie frei wird. Die Menge an Energie, die entsteht, hängt direkt von der Konzentration von Q10 im Blutplasma ab. Sinkt dieser Spiegel beispielsweise um ein Viertel, spürt man schon ein deutliches Nachlassen der Leistungskraft. Würde der Q10-Gehalt, der meist bei 0,85 Mikrogramm pro Milliliter liegt, auf null sinken, explodierten unsere Zellen regelrecht und ein Funktionieren des menschlichen Zellverbands wäre unmöglich.

Bei 40-Jährigen sind die Q10-Werte im Organismus bereits um ein Drittel, bei 75-Jährigen um mehr als die Hälfte niedriger als bei jungen Menschen. Je älter man wird, desto wichtiger ist folglich eine bessere Q10-Versorgung. Man könnte fast sagen, dass in fortgeschrittenen Lebensjahren Q10 wie eine Altersbremse wirkt. Es lässt mehr Energie verspüren und vitalisiert Organismus und Haut.
Zusätzliches Q10 regt die Hautzellen zu verstärkter Aktivität an und unterstützt ihre Regeneration. Es bekämpft erfolgreich die schädigenden Einflüsse durch oxidativen Stress, den vor allem eine übermäßige Sonneneinstrahlung sowie Luftverschmutzungen auslösen können.

→ Tipp

Unterstützen kann man die körpereigene Produktion von Q10 auch durch maßvolle sportliche Aktivitäten, was gerade für Menschen jenseits der 40 ein Thema sein sollte. Es ist erwiesen, dass Bewegung, sofern sie nicht bis zur Erschöpfung führt, den Q10-Spiegel deutlich verbessert.

Q10-Präparate

Einige Wissenschaftler sind sich sicher, dass von außen aufgetragene Q10-Präparate die Hautalte-

Problematisch ist, dass Q10 nicht leicht haltbar zu machen ist. Die Stiftung Warentest entdeckte in einigen Präparaten Konservierungssubstanzen, die bei längerem Gebrauch sogar bedenklich sein könnten. Fragen Sie in Ihrer Apotheke nach zweifelsfreien Angeboten.

rung, die durch UV-Strahlen entsteht, vollständig aufhalten könnten. Dies wurde auf der ersten Konferenz der Internationalen Koenzym-Q10-Vereinigung im Jahr 1998 so formuliert. Die Verfahren, mit denen Q10 in kosmetische Präparate eingebracht wird, um der Haut zu nützen, sind zum Teil recht kompliziert. Eine Möglichkeit ist, so hat sich gezeigt, Q10 an Fettkügelchen (Liposome) zu binden, die das Koenzym mit in die Haut einschleusen. Der Erfolg gibt dieser Methode Recht. Neurodermitis, Ekzeme, Akne, Sonnenschäden und Schuppenflechte konnten mit Q10-Produkten erfolgreich behandelt werden.

Je älter wir werden, über desto weniger körpereigenes Azetylcholin verfügen wir. In den mittleren Jahren empfiehlt sich deshalb eine Zufuhr des Biostoffs von außen.

DMAE – Facelifting von innen

DMAE (Dimethylaminoethanol) ist vielen als Bestandteil von Nahrungsergänzungsmitteln bekannt, die geistige Frische, mehr Spannkraft und eine höhere Resistenz gegenüber Abnutzungserscheinungen versprechen. Solche Präparate, die neben DMAE in der Regel auch reichlich Vitamine und Mineralstoffe enthalten, gelten als wirksame Anti-Aging-Mittel, die für alle jenseits der 40 oder 50 zu empfehlen sind.

DMAE ist ursprünglich eine körpereigene Substanz, die von entscheidender Bedeutung für das Funktionieren von Gehirn und Nervenzellen ist. Sie ist Bestandteil der Zellmembranen, reguliert und normalisiert das zelluläre Stoffwechselgeschehen und sorgt damit nicht zuletzt für eine gesunde Spannkraft der Haut. Will unser

Gehirn einem Muskel den Befehl zu einer Aktivität erteilen, beispielsweise das Gesicht anzuspannen, geschieht dies über Nervenbahnen. Die Nerven sind jedoch nicht direkt mit den Muskeln verbunden. Sie enden vor den Muskelfasern in einer Art Knolle. Darin befinden sich eine Reihe von Substanzen, vor allem das Azetylcholin, das bei Bedarf ausgestoßen wird, um dem Muskel das entsprechende Signal zu geben.

Gesunder Fisch

Mit zunehmendem Alter sinkt die Azetylcholinproduktion, die Muskeln werden dadurch nur noch weniger stark stimuliert, und allgemeine Erschlaffungen stellen sich ein. Im Gesichtsbereich sind das Tränensäcke, müde Augenlider oder herabsackende Wangen mit den entsprechenden Falten. Dagegen kann DMAE helfen. Wenn man mehr davon aufnimmt, wird auch mehr Azetylcholin gebildet und die (Gesichts-) Muskeln bewahren ihre Spannkraft. Von unseren Lebensmitteln ist Fisch der beste DMAE-Lieferant. Wer eine straffe, gut gespannte Haut will, sollte verstärkt auf Lachs, Makrele & Co. setzen.

Kosmetische DMAE-Produkte

In den USA vertrauen auch Bodybuilder auf DMAE-Lotionen – die ließen ihre Muskulatur praller erscheinen. Dies ist durchaus glaubhaft, da Testreihen mit kosmetischen DMAE-Präparaten beachtliche Ergebnisse lieferten. Schon 30 Minuten nach dem Auftragen zeigten sich Wirkungen, die Haut wurde straffer und machte an den behandelten Partien einen insgesamt jugendlicheren Eindruck. Von einer längeren Anwendung profitiert besonders der Bereich um die Augen, müde Lider und Tränensäcke werden straffer und der Teint strahlender. Auch die Lippen können möglicherweise an Spannung und Volumen gewinnen, wenn man ihnen regelmäßig vor dem Schminken eine DMAE-Einheit gönnt.

info

Die meisten kosmetischen DMAE-Präparate sind Kombinationspräparate, die auch Vitamine und Antioxidanzien wie etwa Alpha-Liponsäure enthalten. Sie sind für alle altersbedingten Probleme mit Hauterschlaffungen gedacht und können in Anfangsstadien solcher Erscheinungen fast wie ein Face-lifting wirken.

Jeden Hauttyp richtig pflegen

Unterschiedliche Hauttypen haben unterschiedliche Stärken und Schwächen und reagieren unterschiedlich auf Einflüsse von außen. Natürlich benötigen sie auch eine unterschiedliche Pflege. Nur eines ist allen Hauttypen gemeinsam: Mit zunehmendem Alter sollte man der Haut auf jeden Fall mehr Aufmerksamkeit schenken.

Ob blond, ob braun . . . spielt auch bei der täglichen Pflege der Haut eine Rolle. Besonders die Sonnenempfindlichkeit ist genetisch mit der Farbe der Haare gekoppelt. Während der dunkle und teilweise auch der blonde Typ eher sonnenunempfindlich ist, braucht der rötlich-brünette Typ oft einen besonders intensiven Schutz.

Jede Haut ist anders

Obwohl wir alle grundsätzlich die gleiche Hautstruktur haben, so ist doch jedem von uns eine ganz individuelle Hautbeschaffenheit in die Wiege gelegt. Genetische Faktoren weisen die Richtung, ob z. B. Akne oder trockene, stets spannende Gesichtshaut unser Problem ist oder wie leicht die Haut bräunt. Es tröstet, dass jeder Hauttyp seine Vor- und Nachteile hat. Mit einer hellen, zarten, feinporigen Pfirsichhaut sollte man, um nicht frühzeitig zu altern, besonders sorgfältige Vorkehrungen gegen Sonnenschäden treffen. Dagegen hat man mit dunkler, zu Unreinheiten neigender Haut wahrscheinlich um den 50. Geburtstag herum noch vergleichsweise wenig Falten und muss sich zeitlebens weniger um Sonnenschutz bemühen.

Für die bestmögliche Pflege ist es wichtig zu wissen, ob man eher eine normale, fettige, trockene oder eine Mischhaut hat. Denn von den Pflegeprodukten ist, vor allem wegen des unterschiedlichen Fettgehalts, kaum eine für alle Hauttypen geeignet. Eine auf trockene Haut zugeschnittene Nährcreme wird auf fettiger Haut zusätzliche Pickel erblühen lassen und ihr noch mehr Glanz verleihen. Und auf fettige Haut abgestimmte adstringierende Gesichtswässer machen trockene Haut noch spröder.

Im Lauf des Lebens verändert sich die Hautbeschaffenheit und steuert in aller Regel auf eine trockenere Haut hin. Eine einmal getroffene Zuordnung gilt also nicht lebenslang, so dass die Art der Pflege der neuen Situation bisweilen angepasst werden muss.

Fettige Haut

Wer fettige Haut hat, darf sich auf die Zukunft freuen. Denn dieser Hauttyp hat eine körpereigene Pflegesubstanz mit auf den Lebensweg bekommen, die ihn vor frühzeitiger Faltenbildung bewahrt. Die Talgdrüsen sind – meist hormonell bedingt – sehr aktiv, der schützende Fettfilm wird dichter, und es wird mehr Feuchtigkeit gebunden. Der Nachteil: In jungen Jahren ist die Haut großporig, neigt zu Unreinheiten (Pickel, Mitesser) und glänzt ständig. Diese Erscheinungen treten aber meist nur bis etwa zum dritten Lebensjahrzehnt auf, dann wird die Haut altersbedingt trockener. Fettige Haut kann zwar von allen Hauttypen Sonne am besten vertragen. Man sollte jedoch der Versuchung widerstehen, Hautunreinheiten und Fettfilm durch lange Sonnenbäder austrocknen zu wollen. Die Haut vergisst in dieser Hinsicht nichts und Linien und Falten wären das ungewollte Resultat.

Sehr wichtig bei fettiger Haut ist auch die richtige Ernährung. Sie sollten auf fett- und ölhaltige Speisen sowie auf allzu scharfe Gewürze weitgehend verzichten.

Pflegetipps

- Zur Gesichtsreinigung keinesfalls austrocknende Seifen oder alkoholische Gesichtswässer verwenden. Solche aggressiven Substanzen greifen die äußerste Hornschicht der Haut an, können sogar einen gegenteiligen Effekt haben

Konsequent gegen Falten vorgehen

Der erste Schritt zu einer wirksamen Faltenvorbeugung ist und bleibt die gesunde Ernährung und eine vernünftige Lebensführung. Als zweiter Schritt ist eine typgerechte, konsequente Hautpflege unabdingbar. Sie stützt sich auf drei Grundpfeiler: die Reinigung, das Nähren und den Schutz der Haut.

- Morgens und abends muss die Haut sorgfältig von allen Make-up-Resten, Fett- und Schmutzpartikeln befreit werden. Pflegende Cremes spenden der Haut nach dieser Reinigungsprozedur Fett und Feuchtigkeit. Etwa ab dem 25. oder 30. Lebensjahr sollten die Cremes mit speziellen Wirkstoffen angereichert sein, die gegen freie Radikale vorgehen und so einer frühzeitigen Hautalterung entgegenwirken. Bei der Pflege sollte vermehrt auf vitaminhaltige Cremes (Vitamine A, C, E) gesetzt werden bzw. auf solche mit anderen Anti-Falten-Wirkstoffen wie Bioflavonoiden (z. B. Alpha-Flavon) oder Alpha-Liponsäure.
- Tagtäglicher Lichtschutz ist bei allen Hauttypen zur Faltenvorsorge immer unerlässlich. Hierzu zählen Sonnenschutzcremes mit hohem Lichtschutzfaktor. Es sollten auch die üblichen Regeln im Umgang mit Sonnenlicht (besonders im Urlaub) berücksichtigt werden.

und die ohnehin überaktiven Talgdrüsen zu noch mehr Aktivität bewegen. Auch stark rückfettende Seifen sind nicht anzuraten. Grundsätzlich sollte man auch die fettige Haut nicht zu häufig waschen. Denn das körpereigene Fett dieses Hauttyps ist der beste Schutz und dient ganz vorzüglich der Faltenvorbeugung.

- Das Gesicht morgens und abends mit einem (fettfreien) Reinigungsgel auf Kamillen- oder Lindenblütenbasis, speziell für fettige und unreine Haut, reinigen. Dadurch wird der Fettgehalt der Gesichtshaut reduziert und der ungeliebte Fettglanz abgeschwächt, die Heilkräuterbestandteile wirken Entzündungen entgegen. Zum Nachklären (einmal täglich) ist eine Lotion auf Kräuterbasis geeignet. Kräuterlotionen mit Hamamelis beispielsweise wirken entzündungshemmend und adstringierend (zusammenziehend), ohne auszutrocknen.
- Zur Tages- und Nachtpflege ist eine Öl-in-Wasser-Emulsion (wenig Öl – viel wässrige Lösung) gut geeignet, die die Haut mit Feuchtigkeit versorgt und das Feuchthaltevermögen der Haut steigert. Fett hat die Haut ja genug. O/W-Emulsionen sind leicht, enthalten wenig Fett und verstopfen die Poren nicht. Bei sehr fettiger Haut kann auf Feuchtigkeitsemulsionen zeitweise auch ganz verzichtet werden. Ungeeignet sind sehr fettreiche Cremes (die die Poren verstopfen können, ein Nährboden für Pickel und Mitesser), ebenso Substanzen, die die Haut austrocknen, denn dadurch würde man den Faltenvorteil schneller preisgeben.
- Bei der pflegenden Kosmetik lieber eine ölfreie Grundierung (Make-up) wählen. Puderrouge und Puderlidschatten sind Cremeprodukten vorzuziehen, denn sie saugen etwas von dem Gesichtsfett auf. Auch Gesichtspuder ist erlaubt. Doch nicht zu oft überpudern, um überschüssiges Fett aufzunehmen. Das Gesicht könnte sonst maskenhaft und kreidig wirken.

→ Tipp

Speziell für fettige Haut sind ölfreie Sonnenschutzpräparate auf dem Markt. Keinesfalls auf Sonnenschutz verzichten, sonst wäre der Vorteil, den fettige Haut in Bezug auf die Faltenbildung bietet, rasch verspielt.

Trockene Haut

Dieser Hauttyp kommt am häufigsten vor, denn fast alle über 50-Jährigen haben eine trockene Haut. In der Jugend ist trockene Haut meist sehr schön, ohne Unreinheiten, fettigen Glanz und große Poren. Der Nachteil: Die Talgdrüsen produzieren zu wenig Fett, und der aus Fett und Schweiß gebildete natürliche Schutzfilm ist zu dünn. Deshalb wird trockene Haut im höheren Lebensalter oft schuppig, rau und spröde, sie spannt und reagiert leicht mit roten Flecken und anderen Hautirritationen. Meist ist trockene Haut auch ein Synonym für empfindliche Haut und Allergieanfälligkeit. Dieser Hauttyp hat am frühesten mit Falten zu kämpfen und sollte daher stets gut gepflegt werden. Trockene Haut ist meistens erblich bedingt. In manchen Fällen geht dieser Hauttyp aber auch auf schädigende Einflüsse zurück. Zu viel Sonne, Schadstoffbelastungen, trockene Heizungsluft, Klimaanlagen oder Pflegefehler wie zu häufiges Waschen mit Wasser und Seife dehydrieren die Haut. Man mag vielleicht meinen, dass Wasser von außen zusätzlich Feuchtigkeit spendet. Doch genau das Gegenteil ist der Fall. Wasser wäscht den natürlichen Fettfilm, der die Haut geschmeidig hält, ab und lässt außerdem die Hornschicht aufquellen. Ein Großteil des in der Oberhaut gespeicherten Wassers kann nun verdunsten, die Haut wird trockener, schuppig und spröde. Trockene Haut deshalb nicht mehr als unbedingt nötig waschen und Seife nur sparsam verwenden. Trockene Haut benötigt schon in jungen Jahren eine konsequente Pflege, und natürlich sollten alle Faktoren, die die Haut zusätzlich austrocknen (z. B. überheizte Räume, aggressive Reinigungssubstanzen oder auch Chlorwasser in Schwimmbädern), gemieden werden. Sehr effektiv ist es, die Haut von innen zu befeuchten. Zwei bis drei Liter natriumarmes Mineralwasser, über den Tag verteilt getrunken, verfehlen mit der Zeit

info

Praktisch alle Symptome der trockenen Haut treffen auch auf reife Haut zu. Pflegeprodukte, die für trockene Haut ausgewiesen werden, sind daher meist auch für die Haut ab 50 zu empfehlen.

bestimmt nicht ihre Wirkung. Die Haut spannt weniger, ist frischer, strahlender und faltenfreier.

Pflegetipps

- Zur abendlichen Reinigung eine sanfte, ölhaltige Reinigungsmilch oder Reinigungscreme (z. B. mit Mandel- oder Avocadoöl) verwenden. Statt Seife lieber auf Syndets, das sind seifenfreie Waschstücke mit rückfettenden Substanzen, ausweichen. Morgens genügt Wasser pur. Auf Lotionen (Gesichtswasser) sollte man ihrer austrocknenden Wirkung wegen am besten verzichten. Statt Gesichtswasser kann man Mineralwasser, angereichert mit Kräuter- oder Pflanzenauszügen (z. B. Kamille), aufsprühen.
- Trockene Haut verlangt sehr milde, hochwertige Fettsubstanzen sowie viel und lang anhaltende Feuchtigkeit. Zur Pflege sind Wasser-in-Öl-Emulsionen (Kombination aus mehr Fett – weniger Feuchtigkeit) gut geeignet. Inhaltsstoffe wie Hyaluronsäure etc. verzögern den Feuchtigkeitsverlust während des Tages und verhindern eine fortschreitende Austrocknung. Creme stets auf die noch feuchte Haut auftragen. Die feine Wasserschicht wird so in der Haut festgehalten.
- Rouge und Lidschatten sowie die Grundierung (Make-up) sollten auf Cremebasis hergestellt sein. Sämtliche Puderprodukte betonen selbst feine Fältchen und entzie-

Am besten natürlich: Haben Sie schon einmal versucht, Ihre Haut statt mit einem teuren Gesichtswasser mit natürlichem Mineralwasser zu verwöhnen?

→ Tipp

Gönnen Sie der Haut zweimal in der Woche eine reichhaltige Pflegemaske, z. B. auf der Basis von Weizenkeimöl. Warme Olivenölwickel haben sich bei Halsfalten bewährt.

hen der Haut zusätzlich Feuchtigkeit. Auch Gesichtspuder fällt in diese Kategorie.

- Täglich Sonnenschutz oder eine Feuchtigkeitscreme mit hohem Lichtschutzfaktor (LSF ab 20) verwenden. Und nicht sparsam damit umgehen: ein ordentlicher Klecks fürs Gesicht, zwei bis drei für Nacken, Brust, Arme und Hände. Für sehr empfindliche Hautpartien (z. B. um die Augen) empfiehlt sich ein Sunblocker. Nach einem Sonnenbad führen After-Sun-Produkte rasch pflegende Substanzen zu.

→ Tipp

Um eine zusätzliche Austrocknung der Haut durch Kälte zu vermeiden, sollte man vor jedem Winterspaziergang eine spezielle Kälteschutzcreme auftragen.

Mischhaut

Mischhaut ist in mittleren Jahren der am häufigsten anzutreffende Hauttyp. Tatsache ist, dass Mischhaut eigentlich die »normale« Haut ist. Stirn, Nase und Kinn, die so genannte T-Zone, glänzen und neigen zu Unreinheiten. Sie sind eher der fettigen Haut zuzuordnen. Wangen und Schläfen dagegen spannen und sind trocken. Mit fortschreitendem Alter gleicht sich der Unterschied zwischen T-Zone und Randpartien meistens aus. Der fettige Bereich wird dann ebenfalls trockener. Zur Pflege sind spezielle Präparate für Mischhaut bzw. normale Haut geeignet.

Pflegetipps

- Das Gesicht zweimal täglich mit Reinigungsmilch oder -gel für Mischhaut oder normale Haut reinigen. Es schont trockenere Partien und reinigt die T-Zone gründlich. Ist die T-Zone sehr fettig, kann sie mit adstringierendem Gesichtswasser nachgeklärt werden.
- Auf die trockenen Partien reichlich Pflegecreme mit feuchtigkeitsspendenden Elementen auftragen, dieselbe Creme auch im fettigen Bereich, allerdings sparsamer, verwenden. Die empfindliche Augenpartie und den Hals zusätzlich mit einem reichhaltigen Produkt gegen Fältchen pflegen.
- Als Grundierung empfiehlt sich ein ölfreies Produkt, wenn die T-Zone sehr fettig ist. Wählen Sie auch fettfreien Sonnenschutz.

Pflegetipps speziell für die reife Haut

Die tägliche Pflege soll reife Haut grundsätzlich mit ausreichend Fett (z. B. pflanzliche Öle) und Feuchtigkeit (z. B. Hyaluronsäure, Urea) versorgen. Gut durchfeuchtete Haut sieht gesund, prall und weniger faltenreich aus und ist normalen Umweltbedingungen gewachsen. Mit zunehmendem Alter werden dann Pflegezusätze wichtig, so genannte Anti-Aging-Produkte, die die Zelltätigkeit ankurbeln, freie Radikale ausschalten, den Abbau von Elastin und Kollagen mindern und auf diese Weise die Hautalterung verzögern.
Auch wenn schon lichtbedingte Alterungsvorgänge in der Haut sichtbar sind, können sie mittels verschiedener Wirkstoffe kosmetisch verbessert werden. Harnstoffzusätze, Vitaminzubereitungen, östrogenhaltige Substanzen und Antioxidanzien in erhöhter Konzentration können die (durch Lichteinwirkung) verminderte Produktion von Feuchthaltefaktoren wieder beleben.

Eine Pflegeserie für die reife (anspruchsvollere) Haut beinhaltet

- Verschiedene feuchtigkeitsbindende Substanzen
- Pflegende Öle und Fette
- Wirkstoffe gegen freie Radikale
- Wirkstoffe, die die Zellerneuerung ankurbeln
- Wirkstoffe, die den Abbau von Kollagen und Elastin mindern
- Wirkstoffe, die die Muskelspannung unter der Haut aktivieren

So sollte die Gesichtspflege für anspruchsvolle Haut in etwa aussehen:

- Morgens und abends eine gründliche Reinigung mit milden Substanzen vornehmen, die den pH-Wert der Haut nicht belasten (z. B. fettfreie Waschgels oder wasserlösliche Reinigungsöle).
- Als Tagespflege eine schützende, feuchtigkeitsbindende Creme gut einarbeiten. Darüber Sonnenschutz mit hohem Lichtschutzfaktor auftragen.

→ Tipp

Die Zellerneuerung beginnt schon in den frühen Abendstunden. Schminken Sie sich daher gelegentlich früher am Abend ab (spätestens gegen 20 Uhr), und machen Sie das Gesicht mit einer Nachtcreme bettfertig. Sie verlängern so die Regenerationsphase der Haut während der Nacht. Aber nicht zu viel Creme auftragen, damit die Haut noch atmen kann.

- Abends eine aufbauende, die Zellteilung stimulierende Creme verwenden, die Wirkstoffe gegen freie Radikale und den Abbau von Elastin und Kollagen enthält.
- Einmal wöchentlich ein sanftes Gesichtspeeling mit anschließender Packung für anspruchsvolle Haut durchführen.

Je heller, desto lichtempfindlicher

Die jeweilige Tönung der Haut und die Leichtigkeit, mit der man bräunt, ist durch die Menge der pigment- und farbstoffbildenden Zellen (Melanozyten) in der Haut vorgegeben. Sie bestimmt auch, wie anfällig ein Hauttyp für Sonnenschäden und damit verbundene Symptome einer vorzeitigen Hautalterung ist. Als Faustregel gilt: Je mehr Melanozyten, desto dunkler der Hautton und desto unempfindlicher ist die Haut gegenüber nachteiligen Lichteinflüssen und Faltenbildung. Fast weiße Alabasterhaut weist wesentlich weniger farbstoffgebende Zellen auf und reagiert im grellen Sonnenlicht rasch mit Pigmentstörungen, Fältchen und schließlich Furchen. Wer eine solche schöne, aber lichtanfällige Haut hat, sollte unter dem Make-up täglich ein Sonnenschutzpräparat mit hohem Lichtschutzfaktor (LSF 15) auftragen und natürlich niemals ungeschützt ein Sonnenbad nehmen. Schon nach zehn Minuten Sonnenbestrahlung reagiert der empfindliche Lichttyp oft mit einem Sonnenbrand.

Der leicht braun oder oliv getönte Lichttyp, in der Regel mit dunklen Haaren und dunklen Augen, ist wesentlich sonnenresistenter. Die Gefahr eines Sonnenbrands ist erst nach etwa 30-minütigem Aufenthalt in der Sonne gegeben. Allerdings sollte auch dieser Hauttyp stets um konsequenten Lichtschutz bemüht sein. Der Lichtschutzfaktor kann allerdings niedriger gewählt werden.

→ Tipp

Mit zunehmendem Alter verträgt die Haut Sonneneinstrahlung immer schlechter. Auch unempfindliche Haut kann dann auf die aggressiven UV-Strahlen der Sonne mit Sonnenbrand reagieren. Ein Sonnenschutz für die Haut ist deshalb generell zu empfehlen.

Vier Lichttypen und ihre Sonnenempfindlichkeit

Typ	Beschreibung	Reaktion auf Sonne	Eigenschutz
I	**Extrem empfindlich**		
	Sehr helle Haut, rötliche oder hellblonde Haare, Sommersprossen, helle Augen	Sofort Sonnenbrand, Haut schält sich, bräunt kaum	5–10 Minuten
	(Nötiger LSF im Sommerurlaub: erste bis dritte Woche 15 bis 20)		
II	**Empfindlich**		
	Helle Haut, helles Haar, blaue oder grüne Augen	Schnell Sonnenbrand, nur schwache Bräunung, Haut schält sich rasch	10–15 Minuten
	(Nötiger LSF im Sommerurlaub: erste Woche 15 bis 20, zweite Woche 12 bis 15, dritte Woche 10 bis 12)		
III	**Verträgt Sonne gut**		
	Normale Haut, wirkt leicht gebräunt, dunkelblonde oder braune Haare, graue oder braune Augen	Wenig empfindlich, selten Sonnenbrand, bräunt gut	15–25 Minuten
	(Nötiger LSF im Sommerurlaub: erste Woche 12 bis 15, zweite Woche 8 bis 12, dritte Woche 8 bis 12)		
IV	**Sonnengewöhnt**		
	Oliv getönte, braune Haut, dunkle Haare, dunkle Augen	Unempfindlich, kaum Sonnenbrand, bräunt schnell und tief	Ab 25 Minuten
	(Nötiger LSF im Sommerurlaub: erste Woche 8 bis 10, zweite Woche 6 bis 8, dritte Woche 4 bis 6)		

Grundsätzliches aus der Kosmetikpraxis

Heute bieten Medizin und Kosmetik immer ausgeklügeltere Wirkstoffe und Methoden an, um die Haut sichtbar zu glätten, zu straffen und zu erfrischen.

Fett und Feuchtigkeit, auch heilende Wirkstoffe können über die Haut in den Körper gelangen, um erwünschte Effekte zu entfalten. So funktionieren beispielsweise Hormon- und Nikotinpflaster. Darauf beruht die Möglichkeit, auch kosmetische Wirksubstanzen in die Haut einzuschleusen. Die Stoffe müssen aber jeweils eine bestimmte Konstitution haben, damit die Haut sie aufnehmen kann. Fettlösliche (lipidlösliche) Stoffe in Emulsionsform dringen leicht ein, ebenso gasförmige. Wasserlösliche hingegen bleiben meist auf der Hautoberfläche.

Welche Creme Ihre Haut optimal pflegt, ist oft eine Sache des Ausprobierens. Geben Sie Ihrer Haut allerdings auch die nötige Zeit, um sich an ein neues Produkt zu gewöhnen.

Öl in Wasser oder Wasser in Öl?

Emulsionen bestehen immer aus den zwei Grundflüssigkeiten Wasser und Öl. Je nachdem, wie die Wasser- und Ölteilchen zueinander angeordnet sind, unterscheidet man verschiedene Typen von Emulsionen.

Bei der Öl-in-Wasser-Emulsion (O/W-Emulsion) sind Öltröpfchen in Wasser eingelagert. Diese Emulsion spendet reichlich Feuchtigkeit, sie verteilt sich leicht und zieht rasch ein. O/W-Emulsionen dienen zur Tagespflege.

Bei der Wasser-in-Öl-Emulsion (W/O-Emulsion) sind Wassertröpfchen von einer äußeren Ölphase umschlossen. Die Wasser-in-Öl-

Emulsion ist reicher an Fetten und daher zur Nachtpflege besser geeignet.

Was wirkt wie auf der Haut?

Salben und Pasten

Salben sind sehr fettreich und enthalten nur wenig Wasser. Man verwendet sie zum Einfetten der Haut. Salben mit hohem Feststoffanteil (z. B. Zinkpulver) bezeichnet man als Pasten.

Feucht eincremen

Nach der Gesichtsreinigung oder nach dem Baden sollte man stets eine Pflegecreme bzw. ein Hautfunktionsöl in die noch feuchte Haut einarbeiten. Auf diese Weise wird zusätzlich Wasser in der Haut festgehalten.

Lösungen bzw. Lotionen

Lösungen oder Lotionen sind Flüssigkeiten, in denen bestimmte Wirkstoffe (beispielsweise Hamamelis, pflanzliche Hormone, Lapacho) gelöst sind. Alkoholhaltige Lotionen sollten sparsam verwendet werden, da sie die Haut leicht austrocknen.

Cremes

Es gibt sie als Wasser-in-Öl-Emulsion oder als Öl-in-Wasser-Emulsion. Sie sind die gebräuchlichste Form der Hautpflege und ziehen leicht ein.

Gel

Gele sind Zubereitungen auf der Grundlage von Wasser, die kein Fett oder Öl enthalten. Sie dienen vor allem zur Hautreinigung und sind gute Feuchtigkeitsspender. Sie kühlen wegen des hohen Wasseranteils und kommen vorzugsweise bei Haut zum Einsatz, die kaum Fett verträgt.

Einer Creme treu bleiben

Wer eine Creme gefunden hat, die der Haut gut tut, sollte ruhig dabei bleiben. Es gehört in das Reich der Fabel, dass die Wirksamkeit von Cremes nachlässt, wenn man sie über einen längeren Zeitraum verwendet. Daher nicht ständig die Präparate wechseln oder mit Pröbchen experimentieren.

info

Die Haut braucht etwa drei bis vier Wochen bis klar ist, ob ein Pflegeprodukt wirklich gut vertragen wird. Ausnahme bilden spontane allergische Reaktionen.

Anti-Aging-Strategien

Stress ist der stärkste Feind im Kampf gegen das Alter. Ob es Umweltgifte oder UV-Strahlen sind, die die Haut von außen schädigen, ob es körperlicher oder seelischer Stress ist, der uns vorzeitig altern lässt – je mehr Sie dagegen angehen, desto mehr wird man es Ihnen ansehen.

Die richtige Hautpflege und eine gesunde Ernährung sind zwei Eckpfeiler des täglichen Anti-Aging-Programms. Doch auch Geist und Seele müssen zur Ruhe finden, damit sich der Körper regenerieren kann.

Schaden abwenden – Nutzen mehren

Falten bekommt fast jeder. Die Frage ist nur, ob man früher oder später an die Reihe kommt. Mediziner und Kosmetikfachleute sind sich einig, dass man eine Menge tun kann, um frühe Falten zu verhindern – oder in leichten Fällen sogar auszubügeln. Man kann der Hautalterung bis zu einem gewissen Grad ein Schnippchen schlagen. Es ist eigentlich ganz einfach: für die Haut Schädliches meiden und Nützliches fördern.

UV-Schutz ist Faltenschutz

Langjährige Sonnenanbeterinnen (ebenso: die Stammkundschaft der Solarien) bezahlen ihre sportliche Bräune oft mit einer rauen, lederartigen, unregelmäßig pigmentierten, faltenreichen Haut, mit geplatzten Äderchen an Wangen und Nase sowie Knitterfältchen an Hals und Dekolletee. Früher glaubte man, dass solche Hautschäden nicht wieder gutzumachen sind. Heute jedoch weiß man, dass sich die Haut, wie andere Organe auch, bis zu einem gewissen Grad regenerieren kann. Oft genügt die reichliche Versorgung mit Fett, Feuchtigkeit und Antioxidanzien sowie das regelmäßige Auftragen von Sonnencremes mit hohem LSF, um Schäden zumindest teilweise zu reparieren.

Zur Vorbeugung sollte man unter dem Make-up ein Sonnenschutzprodukt mit LSF (Lichtschutzfaktor) 12 bis 15 auftragen oder eine Grundierung mit entsprechendem LSF verwenden – und zwar täglich. Selbst wenn die Sonne nicht scheint oder im Winter. Auch ein bedeckter Himmel lässt noch genügend schädigende UV-Strahlen durch.

Man sollte auch den Hals und im Sommer bei leichter Bekleidung Brust, Nacken und Arme sowie die Hände entsprechend sonnenfest machen. Beim Kauf eines Sonnenschutzmittels ist darauf achten, dass sowohl Schutz vor UVA- als auch vor UVB-

info

Strahlungsreduzierung durch LSF

LSF	Strahlungsreduktion (30 Minuten nach dem Eincremen)
2	50 %
4	75 %
10	90 %
20	95 %
50	98 %
100	99 %

(LSF = Lichtschutzfaktor, oft auch als SSF = Sonnenschutzfaktor bezeichnet)

Kinderhaut ist zwar generell sonnenunempfindlicher als die Haut Erwachsener. Trotzdem ist es gerade bei junger Haut enorm wichtig, sie frühzeitig vor der Sonne zu schützen, um der späteren Alterung vorzubeugen.

Strahlen gewährleistet ist. Längere Sonnenbäder im prallen Sonnenlicht – selbst mit Sonnenschutzmittel – sollten für faltenbewusste Menschen weitgehend tabu sein. Im Schatten zu bräunen, hält die Haut viel länger jung.

Das beugt Sonnenschäden vor

- Konsequenter Lichtschutz von Kindheit an
- Sonnenbrände vermeiden
- Keine Sonnenbäder in der Mittagszeit zwischen 11 und 15 Uhr
- Besser im Schatten bräunen
- Antioxidanzienreiche Präparate zur Hautpflege bevorzugen

Nikotin – nein danke!

Rauchen macht alt. Diese Weisheit ist nicht neu. Im Tabakrauch enthaltenes Kohlenmonoxid kann die Sauerstoffversorgung der Haut um bis zu 15 Prozent verschlechtern. Zudem entzieht Nikotin der Haut Feuchtigkeit, es verlangsamt den Stoffwechsel, die kollagenen Fasern verhärten sich, die elastischen Fasern verlieren ihre Spannung.

Wer schön braun werden und es später nicht bereuen will, sollte sich nicht der prallen Sonne aussetzen. Die Haut wird im Schatten oder Halbschatten wesentlich weniger gestresst.

Die Gesichtshaut wird schlaff, fahl, grau und trocken. Raucher und Raucherinnen schnitten bei Langzeituntersuchungen hinsichtlich Anzahl und Tiefe der Falten ausgesprochen schlecht ab. Ihre Haut war bis zu fünfmal faltiger als die der Nichtraucher. Noch konkreter: 40-jährige Raucher bzw. Raucherinnen haben ebenso viele Falten wie 60-jährige Nichtraucher. Und wer dem blauen Dunst zuspricht, kommt erwiesenermaßen früher in die Wechseljahre. Durch das »Schnütchen ziehen« beim Saugen an der Zigarette und Ausblasen des Rauchs kommt es zudem verstärkt zu Plisseefalten auf der Oberlippe. Außerdem graben sich Krähenfüße ein, wenn man die Augen zusammenkneift, um sie vor dem Rauch zu schützen.

Kälteschäden vorbeugen

Wenn die Temperaturen fallen, vermindert sich die Talgproduktion der Haut. Sie kann dann schlechter Feuchtigkeit speichern, Wind und Heizungsluft trocknen zusätzlich aus. Sinkt der Feuchtigkeitsanteil in der Haut unter zehn Prozent, spannt und juckt die Haut, sie ist rau und schuppt sich, Knitterfältchen entstehen. Eine solche Haut neigt auch stark zu Ekzemen. Deshalb in der kalten Jahreszeit alles meiden, was die Haut zusätzlich austrocknet, z. B. häufiges Waschen mit heißem Wasser und entfettenden Seifen. Besser Reinigungsmilch benutzen, die man mit einem in Wasser getränkten Wattepad abnimmt. Da kalkhaltiges Wasser die Haut zusätzlich auslaugt, am besten stilles Mineralwasser oder mildes Gesichtswasser verwenden. Wintersportler müssen besonders vorsichtig sein. Beim Skifahren können im Gesicht Temperaturen bis – 30 °C auftreten. Zudem ist die Kombination von Kälte, Wind und Sonne besonders hautschädigend. Spezieller Kälteschutzbalsam, der nur wenig oder gar kein Wasser

→ Tipp

Übermäßig beheizte Räume und eine geringe Luftfeuchtigkeit trocknen die Haut aus und leisten der Faltenbildung Vorschub. Deshalb im Winter Luftbefeuchter oder Wasserschalen auf die Fensterbank stellen. Sie verbessern das Raumklima ganz enorm.

→ Tipp

In den Wintermonaten die fetthaltigere Nachtcreme auch tagsüber benutzen.

enthält, versiegelt die Poren, schützt die Haut vor dem Austrocknen und bis zu einem gewissen Grad vor Erfrierungen. In geschlossenen Räumen die Cremes bald entfernen, damit unter der Haut kein Wärmestau entsteht.

Stress lässt uns alt aussehen

Die Stirn mit Shiatsu entspannen: Mit zwei Fingerkuppen etwa drei Sekunden lang auf den Punkt zwischen den Augenbrauen drücken. Von da aus sanft nach oben über die Stirn streichen, den Haaransatz entlang und zu den Schläfen. Diese ebenfalls drei Sekunden lang drücken, und das Ganze wiederholen.

Stress trägt wesentlich stärker zur Hautalterung und anderen Alterungsprozessen im Organismus bei, als gemeinhin angenommen wird. Eine Studie des Harvard-Zentrums (USA) mit 21 000 Krankenschwestern kam jüngst zu dem verblüffenden Ergebnis, dass Dauerstress etwa genauso schädlich wirkt wie zehn Zigaretten pro Tag. Ständig gestresst zu sein, schadet nicht nur unserer Haut, es erhöht auch das Risiko für Herzrhythmusstörungen, Herzinfarkt, Magen-Darm-Leiden, Migräne, Rückenschmerzen und Osteoporose.

Schuld daran sind Stresshormone. Im Fall einer stressigen Situation schütten die Nebennieren verstärkt Kortisol und Adrenalin aus, die den Organismus in eine Art Alarmbereitschaft versetzen, ihm signalisieren, für einen Kampf oder die Flucht bereit sein zu müssen. An der allgemeinen Mobilmachung beteiligt sich auch die Hirnanhangsdrüse, die unter Stress bis zu sechsmal mehr Stresshormone (ACTH) produziert als sonst. Der gesamte Stoffwechsel wird davon aktiviert, der Sauerstoffumsatz erhöht und die Produktion von freien Radikalen kräftig angekurbelt. Eine Stresssituation kann regelrecht ein flutartiges Aufkommen an schädlichen Radikalen hervorrufen, worunter die großflächige Haut am meisten zu leiden hat. Die Zellgesundheit der Haut wird beeinträchtigt, die Versorgung mit Vitaminen und Mineralstoffen verschlechtert und ihr Wasserbindungsvermögen reduziert. Gestresster Haut mangelt es immer an Feuchtigkeit, sie wird blass und knittrig, neigt verstärkt zu Hautunreinheiten, Rötungen und Falten.

Die angespannte Mimik chronisch gestresster Menschen tut ein Übriges. Sie hinterlässt beispielsweise Sorgenfalten auf der Stirn oder auch Mundfalten, die von ständig zusammengekniffenen Lippen herrühren.

Stress beeinflusst den Östrogenspiegel

Werden Stresshormone nicht abgebaut, beispielsweise durch körperliche Betätigungen, treibt das nicht nur den Radikalespiegel in die Höhe. Überschießende Stresshormone greifen auch direkt in unseren Organismus ein. Sie schädigen Abwehrzellen im Blut, schwächen das Immunsystem und senken den Östrogenspiegel.
Letzteres soll ein Grund dafür sein, dass selbst junge Frauen schon Osteoporose (Knochenschwund) bekommen können oder an Herzrhythmusstörungen leiden. Erwiesen ist jedenfalls, dass ein Absinken des Östrogenspiegels die Kollagen- und Fettproduktion in der Haut vermindert, was Fältchen, Falten und andere Verunzierungen entstehen lässt.

Immer die Ruhe bewahren

Folgen stressbedingter Hautalterung lassen sich auf vielfältige Weise mindern. Beispielsweise durch eine bessere Versorgung mit Antioxidanzien, die die Hautzellen vor stressinduzierten freien Radikalen schützen. Allen voran ist hier das Koenzym Q10 zu nennen, das

Der Zusammenhang zwischen Körper und Geist tritt wohl nirgends so deutlich zutage, wie beim Zustand der Haut. Ist die Seele entspannt, sind es auch die Gesichtszüge, und kleine Fältchen graben sich nicht tiefer ein.

nicht nur als Radikalefänger fungiert, sondern auch die Energieproduktion in den Zellen antreibt. Dies ist wichtig, da Stresssituationen stets den zellulären Energiebedarf erhöhen und zu einem messbaren Absinken des für unsere Gesundheit so wichtigen Q10-Spiegels im Organismus führen. Hilfreich sind auch spezielle Anti-

Stress-Cremes, die Mängel an Magnesium, Zink oder Kupfer ausgleichen, zusätzlich Feuchtigkeit spenden und die Haut beruhigen. Bedeutsamer dürfte es jedoch sein, Stress zu vermeiden oder wenigstens zu reduzieren. Das wäre die wirkungsvollste Maßnahme, den negativen Erregungszuständen zu begegnen, die Hektik, Leistungsdruck, Reizüberflutung und andere vergleichbare Zivilisationsbelastungen bei vielen hervorrufen.

Die besten Tipps zur Stressbewältigung

- Maßvolle sportliche Aktivitäten (strammes Spazierengehen, leichtes Laufen, Gartenarbeit) verringern signifikant den Gehalt an Stresshormonen im Blut.
- Regelmäßige Entspannungsübungen wie beispielsweise Meditationsübungen, autogenes Training, Qi Gong oder Atemübungen beruhigen den Organismus, lassen messbar weniger Stresshormone aufkommen und helfen beim Abbau bereits entstandener Stressfaktoren.
- Yoga ist ein sicherer Pfad, Jugend und Schönheit zu verlängern und alltägliche Belastungen auszugleichen. Gezieltes, regelmäßiges Üben stellt einen gesunden Energiefluss her und lässt Zellen und Organe weniger rasch altern.
- Lach mal wieder. Dies gilt gerade für Stressgeplagte. Schon eine Minute herzhaften Lachens, so zeigten wissenschaftliche Forschungsergebnisse, hat dieselbe positive Wirkung auf den menschlichen Organismus wie eine halbe Stunde Bewegung.
- Minientspannungen im Berufsalltag beugen Verkrampfungen und Stress vor. Gönnen Sie sich immer wieder einige Sekunden der bewussten Muskelentspannung, angefangen bei Füßen und Beinen über Po, Rücken und Schultern bis hin zu Kieferpartie, Mund, Augen und Stirn.
- Eine Stimulation der Thymusdrüse, die unter dem Brustbein liegt, regt Immunkräfte und Stressabbau an. Sich wie ein Gorilla auf

→ Tipp

Auch bei der Stressbewältigung gilt, dass die einfachen Mittel oft am besten helfen: Sorgen Sie für genügend Schlaf und Erholungsphasen.

Das Beste, was Sie für Ihre Haut tun können, ist, ausreichend zu schlafen und ihr so genügend Zeit zur Regeneration zu gönnen.

den oberen Brustkorb zu trommeln, soll uns nicht nur ein Tarzangefühl vermitteln, sondern auch die Thymusdrüse ermuntern.

Schlafen macht schön

Schlaf ist für unsere Haut wie Balsam, denn während des Schlafens regeneriert sich ihr gesamtes Zellgefüge. Dies gilt vor allem für den Nachtschlaf. Zwischen 10 Uhr abends und 4 Uhr morgens haben Hormone, die das Zellwachstum anregen, Hochkonjunktur. Zu der Zeit entstehen junge Hautzellen achtmal schneller als am Tag. Wenn der Vorgang oft unterbrochen wird, beispielsweise durch mehrmaliges Aufstehen, wird der natürliche Abschilferungsprozess gestört und weniger neue Zellen gelangen zur Hautoberfläche. Die Haut verhornt stark, sieht fahl und müde aus. Gleichzeitig wird weniger Feuchtigkeit in der Hornschicht gebunden. Die Haut wird trocken, spröde, faltenreich. Die Wissenschaft hat mittlerweile die guten Ratschläge unserer Großmütter bestätigt: Schlaf ist das beste Schönheitsmittel, und Schlaf vor Mitternacht ist »Schönheitsschlaf«. Erholsamer Tiefschlaf tritt eindeutig häufiger in der ersten Nachthälfte ein, wohingegen in der zweiten Hälfte ruheloser Traumschlaf überwiegt. Wer zu spät ins Bett geht, verkürzt die Phase der Tiefenerholung.

info

Nachtschwärmer sollten auf Vitamin-A-Creme setzen. Sie treibt die Zellerneuerung an und kann die Folgen eines Schlafdefizits ausgleichen helfen.

Nach der Gesichtsreinigung oder nach dem Baden Pflegecreme bzw. Hautfunktionsöl stets in die noch feuchte Haut einarbeiten. Auf diese Weise wird zusätzlich Wasser in der Haut festgehalten.

Die besten Tipps für den Schönheitsschlaf

- Ein warmes Wannenbad vor dem Zubettgehen, eventuell mit Lavendel- oder Kamillenzusätzen, macht schläfrig.
- Vor der Nachtruhe kein schweres Essen zu sich nehmen, aber auch nicht hungrig zu Bett gehen.
- Warme Milch mit Honig lässt im Körper vermehrt das schlaffördernde Serotonin entstehen.
- Ein Abendspaziergang erleichtert das Einschlafen.
- Reizstoffe wie Koffein, Nikotin oder Alkohol sollte man vor der Nachtruhe meiden.
- Bei dauerhaften Schlafstörungen einen Arzt konsultieren.

Wasser und Seife sparsam verwenden

Damit der natürliche Hautschutzmantel (Hydrolipidmantel) intakt bleibt, sollte man entfettende Reinigungsprodukte wie Seife oder alkoholhaltige Gesichtswässer meiden, ganz besonders bei trockener Haut. Auch sehr häufiges Waschen und Duschen oder ausgedehnte Vollbäder mit Schaumzusätzen trocknen die Haut mit der Zeit aus, und es bilden sich vorzeitig Falten. Wer häufig duscht, sollte darauf achten, höchstens fünf Minuten und nicht zu heiß zu duschen.

Fitnesstraining gegen Falten

Fitnessübungen lassen den Organismus verstärkt Jugendhormone ausschütten, die Falten im Gesicht wegbügeln helfen. Die ideale Übung hierfür sind Kniebeugen, denn sie aktivieren vor allem Oberschenkel und Po, wo sich die größten Muskeln des Körpers (etwa 70 Prozent der gesamten Muskelmasse) befinden. Ihre Fläche macht sie zu den Hauptproduzenten der verjüngenden und glättenden Hormone, speziell des Wachstumshormons Somatotropin (STH). Es wird gebildet, wenn Muskeln bis an die Grenze ihrer Belastbarkeit angespannt sind. Dann regt der Botenstoff die Muskelzellen zu mehr Wachstum an, um den erhöhten Kraftbedarf auszugleichen. Sozusagen nebenbei stimuliert STH das Zellwachstum in der Haut.

Die Hocke halten!

Jeweils 5 Kniebeugen nacheinander machen, 10 bis 30 Sekunden Pause einlegen und das Ganze je nach Kondition mindestens 2-mal wiederholen. Beim Kniebeugen darauf achten, dass man nicht ganz in die Hocke absackt, sondern die Hocke in Kniehöhe hält. Das ist wichtig! Einige Sekunden verharren, ehe man die Beine wieder streckt. Den Rücken beim Üben stets gerade halten, die Arme nach vorne ausstrecken. Diese Trainingseinheit sollte mindestens 2-mal täglich absolviert werden. Sobald sich Falten glättende Effekte bemerkbar machen, nicht aufhören, sondern konsequent weiterüben.

An den Augen treten Alterserscheinungen oft zuerst zutage. Eine speziell abgestimmte Pflege zaubert das Strahlen Ihrer Augen zurück!

info

Haut braucht frische Luft. Viel spazieren gehen sowie jede Form von Outdoor-Aktivitäten nützen dem gesamten Organismus und sorgen für jugendliche Haut. Wer Regen nicht scheut, ermöglicht es der Haut, neben Sauerstoff Feuchtigkeit zu tanken. Um Schäden durch Luftschadstoffe (saurer Regen) und UV-Licht vorzubeugen, das Gesicht vor dem Spaziergang gut eincremen.

Die Augen sanft behandeln

Die Haut um die Augen ist besonders empfindlich und daher äußerst anfällig für Falten. Mit nur 0,5 Millimeter Dicke ist sie dünner als im übrigen Gesicht. Es finden sich hier weniger Feuchtigkeit bewahrende Talgdrüsen und kaum stützendes Unterhautfettgewebe. Daher bedarf die Augenpartie besonders sorgfältiger Pflege. Am besten hält man die Haut an der

Schläfe mit einer Hand fest, während man mit der anderen eine Creme oder ein Gel sanft einarbeitet. Immer vom äußeren Augenwinkel nach innen streichen. So wird die zarte Haut nicht gedehnt oder gezerrt. Mit der gleichen Sorgfalt sollte man beim Abschminken der Augen vorgehen.

Mimikfältchen vermeiden

Die eigentliche Ursache von Falten findet sich im Inneren der Haut. Wo genau eine Falte sich jedoch eingräbt, wird zum Großteil von unserer Mimik und bestimmten Verhaltensweisen entschieden. Manchen Menschen sieht man auf den ersten Blick an, dass sie stets auf der Seite liegend schlafen. Bei ihnen bilden sich Längsfalten entlang der Nase oder zwischen Schläfen und Wangen aus. Da empfiehlt sich eine Änderung der Schlafhaltung, eventuell das Tragen einer Schlafmaske. Andere bevorzugen zu oft ein bequemes Lümmeln wie im Fernsehsessel und müssen sich nicht wundern, wenn sie Querfalten an Bauch und Hals bekommen. Durch eine eher aufrechte Haltung lassen sich solche Falten ebenfalls leicht vermeiden.

info

Gegen die meisten Mimikfältchen kann man etwas tun. Kaum zu vermeiden sind hingegen mimische Spuren wie die berühmten Lachfalten. Es wäre ja auch nahezu fatal, wenn man sich wegen möglicher Fältchen das Lachen verkneifen würde.

Gegen Schlaf- und Mimikfältchen

- In der Sonne stets eine Sonnenbrille tragen. Denn Blinzeln gegen das Licht und Zusammenkneifen der Augen lässt die wenigen Kollagenfasern im Gewebe um die Augen ermüden und brechen.
- Gewöhnen Sie es sich ab, die Stirn auf die Hände zu stützen.

Übungen für die Schönheit

- Mildert Stirnfalten

Mit den Fingerspitzen von der Stirnmitte zu den Schläfen hin sanfte Streichbewegungen ausführen. Wirkt auch beruhigend.

- Gegen müde Augen

Mit den Mittelfingern die Punkte in den Augenhöhlen an der Nasenwurzel einige Sekunden drücken.

Anschließend die Fingerkuppen an die Schläfen legen und sanft kreisen lassen.

- Gegen Tränensäcke

Bilden Sie (beidhändig) mit Zeigefinger und Daumen Halbkreise um die Augen. Die Zeigefinger liegen dabei unter den Augenbrauen, die Daumen auf dem Jochbein etwa 2 Zentimeter unter den Augen. Die Finger sanft nach oben und unten dehnen und gegen den Widerstand der Finger einige Male blinzeln. Nach kurzer Entspannung die Übung wiederholen.

- Gegen Plisseefältchen auf der Oberlippe

Den Mund leicht öffnen und die Lippen (nach innen) einziehen. Mit dem Mittelfinger kleine feste Kreisbewegungen um den Mund herum machen.

- Gegen hängende Mundwinkel

Sprechen Sie laut die Vokale A, E, I, O, U, und artikulieren Sie dabei übertrieben. Ziehen Sie jeden Vokal so lange, bis Sie wieder Atem schöpfen müssen.

- Gegen ein Doppelkinn

Setzen Sie sich aufrecht hin. Legen Sie eine Faust unter das Kinn. Öffnen Sie den Unterkiefer gegen den Widerstand der Faust. Die Spannung etwa 5 Sekunden halten. Entspannen und die Übung wiederholen.

- Für straffe Wangen

Tief Luft holen und die Wangen aufblasen. Mit den flachen Fingern sanft auf Wangen und Kinn klopfen, dabei die Luft ganz langsam herauslassen. Einige Male wiederholen.

→ Tipp

Schön schlafen:
Schlafen Sie möglichst nicht immer auf derselben Gesichtshälfte, damit sich dort nicht tiefere Falten eingraben. Schlafen Sie am besten auf dem Rücken. Auf diese Weise wird der Hals im Schlaf nicht verdreht, und Halsfalten wird vorgebeugt.

Verdauungsprobleme – Hautprobleme

Verdauungsbeschwerden sind nicht nur ein Problem von Magen und Darm. Sie erzeugen Fernwirkungen, die den gesamten Organismus in Mitleidenschaft ziehen und besonders das Erscheinungsbild der Haut beeinträchtigen. Faltige, fahle, spannungslose, mit Unreinheiten durchsetzte und zu Entzündungen neigende Haut, auch Ekzeme und Neurodermitis sind nicht selten die Folge einer gestörten Verdauung. Wiederkehrende Durchfälle, Verstopfungen, Blähungen, Bauchdrücken oder Magenbeschwerden deuten auf eingefleischte Fehlfunktionen im Verdauungstrakt hin und sollten nicht zuletzt einer schönen Haut zuliebe auskuriert werden.

info

Viel trinken spendet der Haut von innen Feuchtigkeit. Acht bis zehn Gläser natriumarmes Mineralwasser am Tag sollten es schon sein (zwei bis drei Liter). Wasser trinken ist ein einfaches und preiswertes Hautverjüngungsmittel.

Wenn unser Magen-Darm-System nicht richtig arbeitet, bedeutet dies für die Haut mehrerlei. Sie wird schlechter mit Nährstoffen, Vitaminen und Mineralstoffen versorgt. Der Abtransport hauteigener Stoffwechselabfälle kommt ins Stocken. Die Immunkräfte der Haut nehmen ab und ihre Giftstoffbelastung zu.

Für eine gesunde Verdauung

Die besten Nahrungs- und Nahrungsergänzungsmittel helfen uns nichts, wenn sie vom Verdauungstrakt nicht richtig resorbiert werden. Deshalb gehört zur gesunden Ernährung unbedingt eine gesunde Verdauung.

Wichtig: Bei anhaltenden Verdauungsproblemen unbedingt einen Arzt aufsuchen.

- Achten Sie auf genügend Ballaststoffe. Diese an sich unverdaulichen Faserstoffe aus Vollkornprodukten, Gemüse oder Obst halten den Darm gesund.
- Bewegung tut dem Darm gut. Regelmäßiges körperliches Training stärkt nicht nur Oberschenkel- oder Bauchmuskeln, sondern fördert auch die muskulären Aktivitäten des Darms (Peristaltik). Das beugt Darmträgheit vor.
- Zu viel Essen überfordert den Darm. Gelegentlich ein Obsttag oder einige Fastentage stellen eine willkommene Erholung für den Verdauungsapparat dar.
- Bei leichteren Verdauungsbeschwerden kann die zeitweilige Einnahme von Heilerde gute Dienste tun. Sie bindet Giftstoffe und führt Mineralien zu.
- Viel trinken (Mineralwasser, ungesüßte Tees) fördert die Verdauungstätigkeit.
- Darmreinigungskuren wie die bekannte Milch-Semmel-Kur nach F. X. Mayr brachten schon vielen Verdauungsgeplagten Heilung und, ganz nebenbei, eine schöne, jugendlich gestraffte Haut.

Das lässt die Haut schneller altern

- Sonne (lange Sonnenbäder und Verzicht auf täglichen Lichtschutz)
- Zigarettenrauch (Selbst- oder Mitrauchen)
- Umweltschadstoffe, Luftverschmutzung
- Vitalstoffarme Ernährung (besonders, wenn die Vitamine A, B, C und E sowie Folsäure fehlen, zu salz- oder zuckerreiche Kost, überlagerte Lebensmittel)
- Alkoholmissbrauch
- Bewegungsmangel
- Verdauungsprobleme
- Schlafdefizite
- Dauerstress
- Aggressive Hautreinigungs- und ungeeignete Pflegeprodukte
- Trockene Heizungsluft
- Kälte

Sechs einfache Tipps, um länger jung zu bleiben

Wissenschaftler errechneten, um wie viel Lebensjahre man im Durchschnitt jünger aussieht, wenn man Folgendes beachtet:

- Täglich morgens vollwertig frühstücken: ein Jahr (sorgt für einen ausgeglichenen Zuckerhaushalt, was uns jung erhält)
- Täglich spazieren gehen: ein Jahr (entspannt, fördert Stressabbau, hält Herz und Gelenke jung)
- Täglich sieben Stunden Nachtschlaf: drei Jahre (regeneriert die Haut und alle anderen Körperfunktionen)
- Mindestens zweimal pro Woche Sex: lässt Sie zehn Jahre jünger wirken (entspannt, schüttet verjüngende Glückshormone aus, trainiert Herz und Gefäße)
- Ein reges gesellschaftliches Leben im Kreis guter Freunde: fünf Jahre Altersvorteil (vermittelt Geborgenheit, fördert Stressabbau und Entspannung)
- Sorgfältige Mundhygiene, u.a. mit Zahnseide: drei Jahre (verhindert die Bildung von Plaque, die auf Dauer Herz und Gefäße schädigt)

Peelings, Fruchtsäure & Co.

Neben der täglichen Pflege sollten Sie Ihrer Haut von Zeit zu Zeit eine zusätzliche Behandlung gönnen, die ihre Regenerationsfähigkeit unterstützt. Peelings sind eine wahre Wohltat für die Haut, die man ihr sofort ansehen wird. In einigen Fällen kann auch eine Säure- oder Hormonanwendung sinnvoll sein.

Peelings gibt es in unterschiedlichen Formen und Konsistenzen. Die Substanzen beruhen jedoch alle auf demselben Prinzip: Sie enthalten gröbere Partikel, die die Haut von alten Hautschüppchen befreien und sie jünger und frischer aus sehen lässt.

Peelings glätten Falten

Neben antioxidativen Wirkstoffen und der täglichen Hautpflege kann man noch einiges gegen Falten tun. Eine wirkungsvolle Maßnahme ist das Peeling.

Beim Peeling wird mittels natürlicher oder chemischer Substanzen die oberste Hautschicht abgetragen. Die Haut macht darauf ihre Heilkräfte mobil, um kleine Wunden rasch wieder zu schließen. Es werden in kürzester Zeit zahllose neue Zellen produziert, damit die abgeschälten Hautlagen wiederhergestellt werden können. Das darunter liegende Bindegewebe wird gekräftigt und dadurch straffer.

Je nach Peelingsubstanz und Hautproblem erfolgt die Schälung unterschiedlich tief. Damit keine bleibenden Schäden entstehen, müssen Tiefenpeelings von Fachleuten durchgeführt werden.

AHA

Fruchtsäuren (international: AHA, von Alpha Hydroxy Acids, Alpha-Hydroxysäure) sind ein wirksames Mittel zur Glättung und Straffung der Haut. Es handelt sich dabei um natürliche Frucht- und Milchsäuren, die z. B. aus Äpfeln, Zitrusfrüchten, Papayas, Weintrauben, Sauermilch oder Zuckerrohr gewonnen werden. Mit Hilfe der Fruchtsäuren kann man die obere abgestorbene Hornzellenschicht abschilfern (Peelingeffekt), so dass das darunter liegende gesunde und frische Hautgewebe sichtbar wird. Wendet man das Peeling öfter an, so erreicht man, dass sich die oberste Hautschicht rascher erneuert und dass sie sich insgesamt etwas verdickt (etwa um 25 Prozent). Sie wirkt dadurch frischer, glatter und jünger.

AHA-Säuren wirken zudem günstig auf das Kollagen im Bindegewebe ein und fördern so die Feuchtigkeitsspeicherung. Die Haut wird elastischer, feine Fältchen werden unterpolstert und dadurch gemildert. Durch das Peeling werden Verhornungen, Aknenarben, Hautunreinheiten und Pigmentflecken

→ Tipp

Kein Peeling vor dem Sommerurlaub (Hitze und Sonne) oder den Winterferien (Kälte) machen.

Frucht- und Milchsäuren für die Körperpflege haben eine lange Tradition. So nahm Kleopatra täglich ein Milchbad, die Damen des französischen Hofes benetzten das Gesicht mit saurem Wein, und unsere Großmütter ließen Sommersprossen durch Zitronensaft erblassen.

deutlich gebessert und können je nach ihrer Schwere und der Konzentration der eingesetzten Fruchtsäuren sogar ganz verschwinden. Handelsübliche Pflegeprodukte für zu Hause enthalten AHA-Säuren nur zu einem geringen Anteil (bis 40 Prozent). So bleiben Nebeneffekte außen vor, die bei Behandlungen mit hohen AHA-Konzentrationen eine Zeit lang auftreten können: Rötungen, Brennen und Abschuppen der Haut. Die Haut wird auch sehr sonnenempfindlich, neigt zu Pigmentverschiebungen und muss mit speziellen Sunblockern (mit den Wirkstoffen Titaniumdioxid oder Zinkoxid) geschützt werden. In höheren Dosierungen dürfen AHA wegen ihrer Reizwirkungen nur von erfahrenen Kosmetikerinnen und (ab Konzentrationen von 70 Prozent) von Hautärzten angewandt werden. Für nachhaltigen Erfolg sollten mehrere Behandlungen im Verlauf einiger Wochen durchgeführt werden. Eine Behandlung kostet etwa 80 DM.

Neben der Alpha-Hydroxysäure gibt es die Beta-Hydroxysäure. Sie ist mit der Salizylsäure, dem wich-

Eine Sitzung bei einer ausgebildeten Kosmetikerin ist zwar nicht ganz billig (ab 50 DM). Es gibt jedoch Hautbehandlungen, die man nur ihren professionellen Händen überlassen sollte.

tigsten Aspirinbestandteil, verwandt. Ihr ursprünglicher Verwendungszweck war die Regeneration unreiner Haut, bis die Forschung ihren Wert für die allgemeine Hautverjüngung erkannte, da sie besonders schädliche Radikaleformen wie das Hydroxylradikal ($OH^{\bullet}$) neutralisiert.
Hydroxysäuren werden gern in Kombination mit anderen Antioxidanzien (z. B. Q10, Alpha-Liponsäure) verwendet, denn sie vermögen die Wirksamkeit jener Stoffe noch zu steigern.

Vitamin-A-Säure

Als Vitamin-A-Säure erstmals im Jahr 1988 auf den US-amerikanischen Markt kam, löste das wahre Begeisterungsstürme aus. Denn der darin enthaltene Wirkstoff Retinsäure (Retinaldehyd oder Retinyllinoleate) war die erste Substanz, die bis zur Lederhaut (Dermis) vordringen konnte, dorthin, wo durchgreifende Hautverbesserungen ansetzen müssen. Damit war auch eine wichtige Hürde im Kampf gegen die Hautalterung genommen.

Vitamin-A-Säure ist nicht gleichzusetzen mit dem Wirkstoff Vitamin A, der Bestandteil vieler Anti-Falten-Cremes ist. Die hauterneuernde Säure ist eine der wirkungsvollsten Maßnahmen gegen Falten, die man ohne Skalpell durchführen (lassen) kann. Ursprünglich für die Aknebehandlung vorgesehen, wurde sehr rasch festgestellt, dass als angenehmer Nebeneffekt auch feine Fältchen, Altersflecken und Misspigmentierungen verschwanden.
Chronisch lichtgeschädigte und dadurch vorzeitig gealterte Haut kann durch mehrere Behandlungen mit Vitamin-A-Säure in ansteigenden Konzentrationen (Dauer etwa acht bis zehn Monate) korrigiert werden. Es kommt zur Abschuppung der obersten Hornschicht, in der Lederhaut werden die Bindegewebezellen aktiviert und so eine Neubildung stützender Kollagenfasern erreicht. Schon nach ein bis zwei Anwendungen nehmen Zellteilung und Durchblutung in der

info

AHA-Fruchtsäuren und Vitamin-A-Säure gehören nicht auf die zarte, empfindliche Hautpartie um die Augen. Leisten Sie sich dafür eine spezielle Creme gegen Augenfältchen, die Sie ohne zu reiben sanft einklopfen.

Oberhaut zu, und die Pigmentierung wird gleichmäßiger. Mit der Zeit wird die Haut fester und elastischer, ihre Regenerationskraft wird gestärkt. Fältchen werden praktisch von innen unterpolstert und dadurch weniger sichtbar. Pigment- und Altersflecken verblassen, und die Oberhaut wird dicker. Das hat eine stark verjüngende Wirkung, denn normalerweise wird die Haut im Alter immer dünner, bis sie bei manchen fast pergamentartig ist.

info

In Deutschland dürfen Produkte mit wirksamen Vitamin-A-Säure-Konzentrationen wegen der möglichen Nebenwirkungen nur von Hautärzten verschrieben werden. In frei verkäuflichen Cremes ist Vitamin-A-Säure, wegen der damit verbundenen Risiken, in so geringer Konzentration enthalten, dass keine Hautschälung zustande kommt und die faltenreduzierende Wirkung entsprechend gering ausfällt.

Allerdings hat das »Wundermittel« auch eine Kehrseite. Sobald es nicht mehr angewendet wird, verflüchtigt sich auch seine Wirkung. Als Nebeneffekt kommt es spontan zu Hautreizungen und Rötungen, und die Haut wird überaus lichtempfindlich.
Die Kur sollte daher stets im Herbst begonnen werden. Totaler Sunblock ist obligatorisch, Strandfreuden sind dann tabu.

Mikrodermabrasion

Mikrodermabrasion ist ein hoch technisiertes, mechanisches Peelingverfahren. Dabei werden mit ultraschnell rotierenden diamantbeschichteten Schleifköpfen oder feinsten Stahlbürsten die obersten Hautschichten abgeschliffen. Da die Prozedur nicht schmerzfrei ist, muss die Haut zuvor örtlich betäubt werden.
Die Behandlung sollte nur durch einen in der Hautabschleifung erfahrenen Hautarzt erfolgen. Wird zu viel abgeschliffen, können unschöne Narben zurückbleiben. Normalerweise aber ist diese Methode erfolgreich.
Die Mikrodermabrasion hat sich vor allem bei ausgeprägten Mundfalten, geschwollenen Talgdrüsen und Aknenarben bewährt. Das Hautbild im Ganzen wird verfeinert, und Fältchen sind weniger sichtbar. Pflegende Wirkstoffe können nun leichter in die Haut eindringen. Durch mehrere Schleifungen in größeren Abständen lässt sich der Erfolg verbessern und stabilisieren. Eine Behandlung kostet 150 bis 200 DM.

Ein Cremepeeling sollte etwa ein- bis zweimal in der Woche durchgeführt werden. Die Haut wird dabei von abgestorbenen Zellen befreit und kann sich so schneller erneuern.

Reviderm-Peeling

Eine sanftere Methode, das so genannte Reviderm-Peeling, wird ebenfalls von Kosmetikerinnen durchgeführt. Ein vorbereitendes Enzympräparat bewirkt, dass sich die Hornschüppchen aufstellen, wodurch sie besser entfernt werden können. Das Abschleifen der obersten Hautschichten erfolgt nach dem Sandstrahlprinzip. Mit hohem Druck werden in einem geschlossenen Kreislauf mikrofeine Koridonkristalle auf die Haut geschleudert und sofort wieder abgesaugt. Gezielt kann so eine feine Hautschicht nach der anderen »abradiert« werden. Die Kundin spürt nicht viel mehr als ein Prickeln auf der Haut. Den Abschluss bilden eine durchblutungsfördernde Fruchtsäure- sowie eine Zimtpackung. Nach der ca. einstündigen Behandlung ist die Haut zart, Fältchen sind geglättet und grobe Poren verfeinert. Als Nebenwirkung muss man eine leichte Rötung in Kauf nehmen, die aber bald verschwindet. Zur Hautglättung genügt oft nur eine Behandlung, bei Pigmentflecken und Aknenarben sind mehrere Sitzungen erforderlich. Eine Behandlung kostet etwa 200 bis 250 DM.

Allergiker können auf Zimt mit Ausschlag und Juckreiz reagieren. Weisen Sie Ihre Kosmetikerin auf eine bestehende Allergieneigung hin, sie wird dann zur Peelingnachbehandlung auf ein anderes Produkt ausweichen, das die Durchblutung anregt (z. B. mit Meeresalgen).

Fett, Feuchtigkeit & Hormone

Auch die Haut muss essen und trinken. Modernste Technologien ermöglichen es uns, die pflegenden Substanzen auch zu speichern.

Aloe vera

Ein wirksames pflanzliches Befeuchtungsmittel bei trockener Haut. Moderne Analyseverfahren konnten 160 einzelne Stoffe in der natürlich vorkommenden Aloe vera nachweisen, unter ihnen Enzyme, Aminosäuren, Mineralstoffe und Vitamine, die eine Wohltat für die Haut sind.

→ Tipp

Sojabohnen sind sehr gute Spender von Pflanzenhormonen. Mediziner raten, täglich einen Sojajoghurt oder ein Glas Sojadrink zu löffeln, um Östrogenmangel auszugleichen. Das polstert die Haut und schützt vor Brustkrebs.

Hormonkosmetik

Hormoncremes mit dem weiblichen Geschlechtshormon Östrogen sorgen für einen erhöhten Wasseranteil in der Lederhaut und regen die Kollagenbildung in der Haut an. Die Haut wird dadurch fester und elastischer, sie sieht jünger aus. Präparate mit Estradiol, dem stärksten natürlichen Östrogen, wurden ursprünglich als medizinische Cremes verwendet, ehe sie in der Kosmetik zum Einsatz kamen. Diese Hormoncremes sind zu Recht verschreibungspflichtig, denn ihre Wirkstoffe treten teilweise ins Blut über. Bei zu hoher Dosierung bringt das Nebenwirkungen mit sich.
Die Verordnung erfolgt am besten durch einen Gynäkologen, der zuvor anhand von Bluttests auch den exakten Hormonstatus ermittelt. Erst daran anschließend kann die geeignete Dosierung erfolgen.
Sehr viel sanfter sind Hormoncremes auf der Basis natürlicher Pflanzenstoffe (z. B. Hefe, Wasserpflanzen, Soja), die auf die Haut eine östrogene Wirkung ausüben. Die pflanzlichen Botenstoffe (Phytohormone) senden Signale an die Hautzellen mit der Botschaft, sich wieder wie junge Haut zu verhalten und sich rascher zu teilen. Auch steigern sie den Sauerstoffgehalt der Zellen, der mit zunehmendem Alter nachlässt. Die Haut wird

deutlich glatter. Diese Hormoncremes sind ebenfalls verschreibungspflichtig.

Hyaluronsäure

Hyaluronsäure wird vom Körper selbst gebildet; sie ist ein wesentlicher Bestandteil der Kapillaren des Stütz- und Bindegewebes. Mit zunehmendem Alter geht der hauteigene Hyaluronsäureanteil zurück. Mit entsprechenden Pflegeprodukten, die aber größere Mengen an Hyaluronsäure enthalten müssen, kann ein gewisser Ausgleich geschaffen werden. Die Hyaluronsäure gilt geradezu als »Feuchthaltewunder«. Sie ist in der Lage, das 1000- bis 4000fache ihres Gewichts an Wasser zu binden. Das ist mehr als andere, natürliche oder synthetische Substanzen an Wasser binden können. Pflegeprodukte mit Hyaluronsäure erhöhen den Feuchtigkeitsanteil der oberen Zellschichten. Sie versorgen die reife und trockene Haut nachhaltig mit Feuchtigkeit, bewirken eine Glättung der Hautoberfläche, die Abwehrmechanismen der Haut werden gestützt.

info

D-Panthenol ist eine Form des Vitamin B5. Es kann Feuchtigkeit speichern und kommt zur Beruhigung der Haut nach einem Sonnenbad, bei leichtem Sonnenbrand und bei Hautreizungen zur Anwendung.

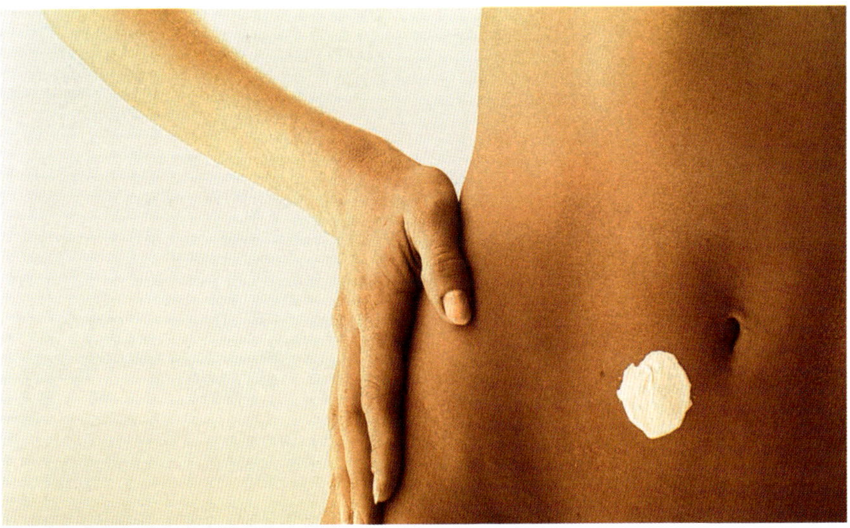

Auch die Haut, die den Blicken der Öffentlichkeit im Allgemeinen entzogen ist, braucht eine intensive Pflege. Sehr gut zur Ganzkörperpflege eignen sich Produkte mit Aloe vera, die raue Haut zarter machen kann und kleinere Verletzungen schneller heilen lässt.

Kollagen

Kollagen in Pflegeprodukten, die auf die Haut aufgetragen werden, verhindert, dass zu viel körpereigenes Wasser verdunstet, und trägt so zur Befeuchtung der Haut bei. Leider sind die Kollagenmoleküle sehr groß, und es ist eher unwahrscheinlich, dass sie von außen bis in die Dermis vordringen und einen Mangel an Kollagen ausgleichen könnten. Der befeuchtende Effekt solcher Produkte wird davon aber nicht berührt. Der Kollagenhaushalt lässt sich dagegen mit Sicherheit von innen heraus beeinflussen. Der Körper benötigt zur Bildung der Kollagenfasern vor allem Vitamin C und hochwertiges Eiweiß.

info

Urea oder Harnstoff ist ein sehr guter feuchtigkeitsspendender Wirkstoff; er vermag die Feuchtigkeit auch in der Haut zu binden. Untersuchungen ergaben, dass der Harnstoffgehalt in sehr trockener Haut um etwa 50 Prozent niedriger ist als in normaler Haut.

Liposome

Liposome sind mikroskopisch kleine Kügelchen, die aus einer Lezithinhülle und einem wassergefüllten Hohlraum bestehen, in den hochwertige Wirkstoffe (wie z. B. Vitamine, Weizenkeimpeptide, Feuchthaltefaktoren, Pflanzenauszüge, Kollagen) eingekapselt wurden. Liposome werden manchmal als Wirkstofftaxis bezeichnet, die ihre Ladung in tiefere Hautschichten fahren können, als dies anderen Emulsionen möglich ist: Die Fette (Lipide) der Liposomen sind den Hautfetten sehr ähnlich und werden von der natürlichen Hautbarriere nicht als Fremdkörper behandelt. Liposome geben ihre Fracht nach und nach frei, so dass die Haut die Wirkstoffe länger und intensiver nutzen kann (Depoteffekt). Sie ermöglichen so eine Langzeitversorgung mit Feuchtigkeit oder bestimmten Wirkstoffen.

Östrogenersatztherapie

Durch eine Östrogenersatztherapie lassen sich manche speziell weiblichen Hautalterungsprobleme auffangen. Ob dies im individuellen Fall infrage kommt, sollte im Gespräch mit dem Gynäkologen geklärt werden.
Entweder oral eingenommen oder in Pflasterform können Östrogengaben mithelfen, die Veränderun-

gen weiblicher Haut, die mit der Abnahme der weiblichen Geschlechtshormone in höheren Lebensjahren einhergehen, möglichst gering zu halten.
Allerdings muss diese Möglichkeit der Faltenverringerung gut durchdacht sein, denn Östrogengaben über einen längeren Zeitraum hinweg (und nur dann sind positive Resultate zu erzielen) bergen eine Reihe von Risiken wie beispielsweise die größere Wahrscheinlichkeit, an Brustkrebs zu erkranken, die noch nicht ausreichend untersucht sind.

Speziell für Alterungsprobleme der weiblichen Haut gibt es effektive Hormonbehandlungen.

Zwölf-Stunden-Creme

So nennt man Cremes mit superkleinen Wirkstoffkügelchen, die ihren Inhalt nach und nach freigeben. Auf diese Weise wird die Haut über zwölf Stunden mit Feuchtigkeit (und Fett) versorgt. Die Wirkung normaler Hautcremes erschöpft sich schon nach drei bis vier Stunden. Durch diese Rund-um-die-Uhr-Versorgung lässt sich das Erscheinungsbild der Haut wesentlich verbessern und bei entsprechenden Wirkstoffen die Hautalterung verzögern.

Myolifting

Myolifting ist ein elektrisch erzeugtes Gesichtsmuskeltraining. Dabei wird das Gesicht mit zwei walzenförmigen Elektroden massiert, die die Muskelfasern mit sanften Stromimpulsen dazu anregen, sich rhythmisch anzuspannen. Das kräftigt die Muskulatur, bringt erschlaffte Partien wieder auf Vordermann und löst einseitige, Falten bildende Verkrampfungen. Auch die Haut profitiert davon. Sie wird besser durchblutet und mit Lymphflüssigkeit versorgt.

Eine Myoliftingbehandlung von etwa 30 Minuten kostet ca. 50 DM. Nach 8 bis 15 Anwendungen sind Fältchen ausgeglichen und die Konturen gestrafft. Um das Ergebnis zu halten, sollte etwa alle zwei Monate eine weitere Sitzung erfolgen.

Schlemmen Sie sich jung!

Eine ganz besonders große Rolle für das Aussehen der Haut spielt eine gesunde Ernährung. Doch keine Sorge: Hungern müssen Sie nicht, um jung zu bleiben! Im Gegenteil: Sie dürfen hemmungslos schlemmen, wenn es um Nahrungsmittel geht, die reichlich Antioxidanzien enthalten.

Obst und Gemüse, frische Kräuter, Bierhefe, Fisch und Öle mit mehrfach ungesättigten Fettsäuren sind vollgepackt mit Powerbiostoffen, die Sie nicht nur fit, sondern auch sichtbar jünger halten!

Die Anti-Falten-Diät

Das Wort »Diät« ist hier in seiner ursprünglichen Bedeutung (von griechisch diaita) zu verstehen, was etwa gesunde Lebensweise bedeutet. Es handelt sich keineswegs um eine Reduktionsdiät, bei der über jede Kalorie, die verzehrt wird, genau Buch geführt werden muss. Ganz im Gegenteil. Man kann den richtigen Lebensmitteln – im Hinblick auf eine möglichst faltenfreie Haut – sogar reichlich zusprechen. Und man darf sich bei jedem Bissen, den man zum Mund führt, in der Gewissheit baden, dass man im Moment das Beste gegen die sichtbaren Begleiterscheinungen des Alterns tut.

Es ist nicht notwendig (und oft auch nicht verträglich), dass man die Ernährung von heute auf morgen komplett umkrempelt; es genügt, wertvolle Wirk- und Nährstoffe nach und nach der üblichen Kost hinzuzufügen und weniger biostoffreiche Produkte dafür wegzulassen. Eine Ernährungsweise, in der bestimmte Nährstoffe bevorzugt werden und die vor allem reich an Radikalefängern, an Antioxidanzien ist, lässt die Haut jünger aussehen, als es ihrem biologischen Alter entspricht.

Bunt ist gesund

Wenn Sie über den grünen Wochenmarkt schlendern, können Sie jene Lebensmittel, die dazu geeignet sind, freie Radikale zu binden und den Alterungsprozess hinauszuzögern, gar nicht übersehen. Es sind just jene Obst- und Gemüsesorten, die die Natur mit besonders schönen, leuchtenden Farben ausgestattet hat wie beispielsweise tiefblaue Heidelbeeren, saftig rote Tomaten, Paprikaschoten und Erdbeeren oder dunkelgrüne Blattgemüse, die für Ihre Haut wahre Wunder vollbringen können.

Früchte und Gemüsesorten, die dunkelgrün, gelb, orange und rot leuchten, enthalten eine gute Portion der Schutzvitamine A, C und E, die antioxidativ, entzündungs-

→ Tipp

Die beste Kostform für faltenarme Haut besteht aus viel frischem Obst und Gemüse, fettarmen Eiweißprodukten, Fisch, geeigneten Kohlenhydraten und viel, viel Wasser.

Die auffällige Farbe von Pflanzen deutet in erster Linie darauf hin, dass die jeweilige Frucht oder das Gemüse vor so genannten sekundären Pflanzenstoffen nur so strotzt. Einige dieser Substanzen wie Beta-Karotin oder Bioflavonoide lassen die schönen Fruchtfarben erst entstehen.

hemmend und immunstärkend wirken und dadurch die Alterung der Zellen hemmen.
Obwohl die Wissenschaft noch am Anfang steht, die Wirkmechanismen sekundärer Pflanzenstoffe auf die Gesundheit im Detail zu verstehen, so gilt bereits als gesichert, dass mit ihnen vorzeitigen Alterungsprozessen ebenso wie vielen Krankheiten wirksam vorgebeugt werden kann. Und für unsere Haut sind diese Substanzen wegen ihrer stark antioxidativen Eigenschaften ein echter Jungbrunnen.
Die Natur produziert die sekundären Pflanzenstoffe in Obst, Gemüse und Beeren nicht dem Menschen zuliebe, sondern die Pflanzen selbst sollen damit vor gefährlichen UV-Sonnenstrahlen, Schädlingen und Krankheitserregern geschützt werden. Der Mensch, der sie isst, profitiert von dieser Schutzfunktion.
Interessant ist, dass dunkles und farbiges Obst und Gemüse auch mehr jener antioxidativ wirkenden sekundären Pflanzenstoffe (z. B. Gerbstoffe wie Polyphenole) enthalten, die weniger oder überhaupt nicht an der Farbgebung, sondern an der Geruchs-, Geschmacks- und Aromagebung beteiligt sind. Als Faustregel kann man sich merken, dass Salat und Gemüse umso mehr davon beinhalten, je dunkler sie sind.

So wirken sekundäre Pflanzenstoffe

- Antioxidativ (Schutz vor freien Radikalen)
- Antimikrobiell (Schutz vor Krankheitserregern)
- Antithrombotisch (Schutz vor Blutgerinnseln)
- Das Immunsystem stärkend
- Entzündungshemmend
- Blutdruckregulierend
- Cholesterinsenkend
- Blutzuckerregulierend
- Verdauungsfördernd
- Antikanzerogen (Schutz vor Krebserkrankungen)

Five-a-day

Zu empfehlen sind täglich zwei bis drei Portionen Obst und Gemüse, am besten five-a-day, wie die US-Amerikaner die Forderung nennen, bis zu fünfmal täglich Obst und Gemüse zu essen oder in Form von Säften zu trinken. Für die meisten von uns gilt übrigens, dass sich jede Woche eine neue Frucht- oder Gemüsesorte ausprobieren lässt, ohne dass nach einem halben Jahr schon Nachschubprobleme auftreten würden.

Ernährung für Faltenbewusste

Was wir am besten essen, wird oft in so genannten Ernährungspyramiden dargestellt. Bei solchen Pyramiden machen Vollkornprodukte (Brot, Nudeln, Reis) und Kartoffeln stets die breite Basis aus. Hülsenfrüchte, Obst und Gemüse bilden die mittleren Abschnitte und tierische Eiweiße bzw. Proteine machen die kleine Spitze aus. Zuoberst kommen Fette und Öle (Streich- und Zubereitungsfette). Demnach sollte mit Getreideprodukten und Kartoffeln der Hunger gestillt und reichlich Obst und Gemüse verzehrt werden, wohingegen Fleisch, Fisch, Milchprodukte und Eier lediglich als Beilage zu servieren sind. Fette und Öle, die sehr energiereich sind, werden

äußerst sparsam verwendet.
Diese Nährstoffverteilung hat im Prinzip nach wie vor ihre Gültigkeit, sollte aber leicht abgewandelt werden, wenn es speziell darum geht, die sichtbaren Spuren des Alterns hinauszuzögern. Da ist eine Kostform günstiger, die mehr tierische Proteine als nach bisherigen

Fünfmal am Tag Obst und Gemüse zu essen, ist nicht nur einfacher und abwechslungsreicher als Sie denken. Es ist auch ein kulinarischer Genuss pur!

Reich an faltenbekämpfenden Antioxidanzien

- Ananas
- Äpfel
- Aprikosen
- Avocados
- Beeren (besonders Schwarze Johannisbeeren, Erdbeeren, Heidelbeeren)
- Bierhefe
- Blattgemüse (Mangold, Spinat etc.)
- Brokkoli
- Fisch, besonders Lachs
- Haferflocken
- Hülsenfrüchte
- Karotten
- Kirschen
- Kiwis
- Kohl (alle Sorten)
- Kräuter (frische, besonders Petersilie)
- Kürbisse
- Leber (vom Kalb)
- Mangos
- Melonen
- Nüsse
- Öle (Weizenkeim-, Olivenöl)
- Papayas
- Paprikaschoten
- Sellerie
- Sojabohnen
- Sonnenblumenkerne
- Sprossen
- Tomaten
- Trockenfrüchte
- Weizenkeime
- Zitrusfrüchte
- Zwiebeln

info

Besonders reich an jung erhaltenden Phytoöstrogenen sind Äpfel, Granatäpfel, Kirschen, Kartoffeln, Kohl und Sojabohnen.

Empfehlungen und dafür etwas weniger Getreideprodukte enthält. Das zusätzliche Eiweiß bezieht man am besten aus Fischgerichten. Grundsätzlich sollte auch versucht werden, mehr Kohlenhydrate (Stärke, Zucker) aus Obst und Gemüse zu beziehen als aus Kartoffeln und Getreide. Und bei den Kohlenhydraten ist besonders darauf zu achten, den Zuckerkonsum (Industriezucker, Saccharose) zu reduzieren. Sie sollten Ihre Naschlust deshalb eher mit frischen Früchten wie Ananas, Aprikosen oder Pfirsichen und nicht mit Kuchen, Schokolade und ähnlichen Süßigkeiten stillen.

Süßes meiden

Nach dem Verzehr von Kohlenhydraten in Form von weißem Industriezucker, braunem Zucker, Kuchen, Schokolade oder Süßwaren steigt der Blutzuckerspiegel rasch an, und die Bauchspeicheldrüse schüttet verstärkt Insulin aus, um den Zucker unter Kontrolle zu halten. Das freigesetzte Insulin bewirkt auch noch etwas anderes: Es treibt den Zellstoffwechsel an, entzündungsfördernde Stoffe zu produzieren, die den Alterungsvorgang beschleunigen und für eine Reihe von Zivilisationskrankheiten verantwortlich sind. Darüber hinaus kann verstoffwechselter Zucker unsere Kollagenfasern in der Haut direkt schädigen und die Faltenbildung vorantreiben.

Der beste Weg, dies zu verhindern, besteht darin, den Zuckerspiegel gleichmäßig niedrig zu halten. Am besten wäre es, Industriezuckerprodukte allmählich vom Speisezettel zu streichen. Faltenbewusste sollten den Kohlenhydratbedarf in erster Linie mit Obst und Gemüse decken. Ihr hoher Ballaststoffanteil hält den Blutzuckerspiegel im gesunden Bereich. Außerdem weisen Birnen, Kohlrabi & Co. eine breite Palette an Vitaminen, Mineralien und sekundären Pflanzenstoffen auf, die unserer Haut bestens bekommen. Sozusagen zweitrangig folgen Kartoffeln, Mais, Hülsenfrüchte und Vollkornprodukte wie Brot, Nudeln oder Reis.

Bleibt der Blutzuckerspiegel durch eine solche Lebensmittelauswahl stabil, hilft dies auch, Müdigkeit vorzubeugen und Heißhungerattacken zu vermeiden.

Reichlich Proteine

Hochwertiges Eiweiß (Proteine) aus frischem Fisch und Geflügel lässt die Haut erblühen und wirkt sich auch positiv auf das Haarkleid aus.

Besonders Frauen sollten mehr Proteine essen. Proteine sind praktisch der Reparaturschnelldienst für Zellschäden, die freie Radikale angerichtet haben. Warum viele Frauen dazu neigen, die Eiweißaufnahme zu vernachlässigen, hat mit ihrem Serotoninspiegel zu tun. Das »Glückshormon« ist für positive Empfindungen wie Freude oder gute Laune verantwortlich. Bei

→ Tipp

Ihre Mahlzeiten sollten eher klein sein. Vier bis fünf kleinere Mahlzeiten über den Tag verteilt sind vorteilhafter als drei größere. Auf diese Weise bleibt der Blutzuckerspiegel den ganzen Tag über ausgewogen. Im Übrigen sind häufiger kleinere Portionen auch positiv für die Figur, weil man nie so hungrig wird, dass man sich anschließend überisst.

Frauen ist der Serotoninspiegel niedriger als bei Männern und sinkt im Verlauf des monatlichen Zyklus noch weiter ab. Ein niedriger Serotoninspiegel lässt sich gut mit einem großen Stück Kuchen, einer Tafel Schokolade oder einer anderen Kohlenhydratbombe wieder ins Lot bringen. Verjüngende Proteine bleiben bei diesen Glücksbringern dann auf der Strecke.

→ Tipp

Die Anti-Falten-Ernährung auf den Punkt gebracht: Essen Sie mehr tierisches Eiweiß in Form von Fisch und mehr Kohlenhydrate in Form von Gemüse. Reduzieren Sie Kohlenhydrate in Form von Zucker, und bevorzugen Sie Kohlenhydrate aus Kartoffeln und Getreide.

Fisch und Schaltiere

Besonders gut für die Haut ist fangfrischer Fisch, insbesondere aus kalten Gewässern, wo die Fische neben Proteinen auch reichlich Fett gebildet haben. Das Fischfett enthält mehrfach ungesättigte Omega-3-Fettsäuren (vor allem in Lachs, Makrele, Hering, Sardelle, Kabeljau, Barsch und Bachforelle enthalten), die am Aufbau des Enzyms Zytochrom-A-3 beteiligt sind, mit dessen Hilfe unsere Zellen Sauerstoff verwerten. Ohne mehrfach ungesättigte Fettsäuren gäbe es keine Zellatmung, keine Energiegewinnung und vermutlich überhaupt kein Leben. Außerdem dienen diese Fettsäuren als Ausgangsstoff für bestimmte Gewebehormone (Prostaglandine), die das Aufkommen entzündlicher Prozesse rapide senken. Da Mikroentzündungen Falten entstehen lassen, empfehlen Dermatologen ein paar Tage lang nur Fisch als Eiweißlieferanten zu wählen, wenn man beispielsweise am nächsten Wochenende besonders jugendlich aussehen möchte. Und grundsätzlich sollten Fisch und Schaltiere, am besten mehrmals die Woche genossen, die wichtigsten Proteinquellen bei einer Anti-Falten-Diät sein.

Gesunde Fischöle

Lachs, Makrele und andere Fische aus kalten Meeresgewässern sind sehr fettreich. Ihr hoher Fettgehalt sollte wegen der schlanken Linie aber nicht beunruhigen, denn die Omega-3-Fettsäuren darin wirken nicht nur hautglättend und verjüngend. Sie vermögen auch erhöhte Blutfettwerte (Triglyzeridwerte) zu senken, verhindern das Zusammenklumpen von Blutplättchen, machen das Blut fließfähiger und reduzieren das Thromboserisiko. Andere tierische Fette, die nicht von Fischen stammen (Speck, Schmalz, Sahne) wirken in die gegenteilige Richtung und sind gesundheitlich, sofern im Übermaß genossen, bedenklich.

Beim Joghurt wird der Milchzucker durch Mikroorganismen aufgespalten und damit für den Darm leichter verträglich.

Weißem Fleisch den Vorzug geben

Neben Fisch und Schaltieren sollten bei einer faltenbewussten Ernährung weißes Geflügelfleisch (z. B. Hähnchen oder Pute ohne Haut) sowie gelegentlich Kalbsleber oder Eier die hauptsächlichen Proteinspender sein. Rotes Fleisch ist tunlichst zu meiden, da es Mikroentzündungen und damit Falten Vorschub leistet.

Fettarme Milchprodukte

Zugunsten jugendlicherer Haut sollte der Verzehr von Vollmilchprodukten, die reich an gesättigten Fettsäuren und entzündungsfördernder Arachidonsäure sind, eingeschränkt werden. Fettreiche Käsesorten ersetzt man am besten durch Magerquark und Hüttenkäse, Vollmilch durch fettreduzierte Milch. Joghurt spendet wichtiges Kalzium und dient der Entgiftung des Verdauungstrakts. Probiotischer Joghurt führt gesunde Bakterien zu, die für die Verdauung von Vorteil sind. Eine gesunde Verdauung spiegelt sich im Hautbild wider.

info

Es muss auch nicht immer tierisches Eiweiß sein. Reichliche pflanzliche Proteinquellen sind Sojabohnen sowie alle anderen Bohnensorten, Erbsen, Linsen, Nüsse und Vollkornprodukte.

Schonende Zubereitung

Die Zubereitung der Speisen sollte möglichst schonend erfolgen. Obst, Salat und Gemüse sollte man möglichst oft roh verzehren. Bei Fisch, Geflügel oder Leber sollte man Kochen, Dünsten, Grillen und Sautieren (in wenig Fett rasch braten) dem Durchbraten vorziehen. Sonst saugt sich das Bratgut voll Fett, und die segensreiche Wirkung der meisten Nahrungsmittel wird so stark beeinträchtigt.

info

Fettreiche Fischarten wie Lachs, Makrele etc. decken unseren Fettbedarf schon weitgehend ab. Zusätzlich genügen ein bis zwei Teelöffel Öl, Butter oder Margarine (zum Anmachen von Salaten, zum Braten) pro Mahlzeit. Dabei ist stets auf gute Fettqualität Wert zu legen. Sehr gute Fettquellen sind Olivenöl, Nüsse (Erdnüsse, Macadamia-, Pekannüsse) und Oliven. Davon sollten täglich einige den Speiseplan bereichern.

Das Wichtigste in Kürze

- Essen Sie täglich mehrere Portionen Obst und Gemüse, am besten five-a-day. Greifen Sie zu Sorten mit schönen, leuchtenden Farben.
- Ersetzen Sie Kartoffeln, Mais, Hülsenfrüchte und Vollkornprodukte öfter durch Obst und Gemüse.
- Essen Sie mehrmals in der Woche (oder sogar täglich) Fisch. Besonders geeignet sind Lachs, Makrele, Hering, Sardelle, Kabeljau, Barsch, Bachforelle und ab und zu Schaltiere.
- Streichen Sie rotes Fleisch vom Speisezettel. Bevorzugen Sie stattdessen weißes Geflügelfleisch (Pute, Hähnchen) und gelegentlich ein Ei.
- Verwenden Sie wenig, aber qualitativ hochwertiges Öl wie Olivenöl zum Anmachen der Salate, zum Verfeinern, Dünsten und Braten.
- Knabbern Sie täglich ein paar Nüsse oder Oliven.
- Bevorzugen Sie generell magere Milchprodukte und probiotische Joghurts.
- Essen Sie wenig (oder gar keine) Kuchen, Schokolade oder andere zuckerhaltige Süßigkeiten.

Äpfel sind nicht nur ein wahrer Jungbrunnen. Sie schützen auch Darm und Zahnfleisch.

- Trinken Sie täglich zwei bis drei Liter Mineralwasser.
- Wenn Sie gelegentlich auf andere als die hier aufgeführten Lebens- und Genussmittel großen Appetit verspüren, essen Sie sie bewusst und mit Vergnügen. So verhindern Sie Heißhungerattacken.

Die Schnellkur

Wenn ein besonderes Ereignis ins Haus steht, will man außergewöhnlich gut und möglichst faltenfrei aussehen. Fachleute empfehlen, einige Tage vor dem Event (etwa 48 Stunden, besser drei bis vier Tage) eine regelrechte Kur mit viel Fisch und frischem Obst und Gemüse zu machen.

Der Körper erhält reichlich antioxidativ wirkende Stoffe und Omega-3-Fettsäuren sowie positive Kohlenhydrate, die hautverjüngend wirken und den Teint strahlender und frischer aussehen lassen. Nicht zuletzt schmeckt die Diät wirklich gut und ist auch für die Linie nicht von Nachteil.

Essen Sie zum Frühstück gemischte Beeren, einen Obstsalat oder ein Kräuteromelett. Mittags und abends gibt es gegrillten Lachs (als Variation Thunfisch oder Garnelen) mit gemischten, in Olivenöl kurz gedünsteten Gemüsen (z. B. Blumenkohl, Brokkoli, grüne Bohnen, Paprikaschoten, Champignons, Karotten) und frischen Kräutern. Dazu gemischten Salat mit Zitronen-Olivenöl-Dressing servieren. Melonenstücke zum Dessert. Tagsüber reichlich (ungesüßten) Kräutertee, Rotbuschtee, (ungesüßte) Fruchtsäfte und Mineralwasser trinken.

Mineralstoffe gegen Falten

Um gesund und widerstandsfähig zu sein, benötigt der Organismus regelmäßig Mineralstoffe bzw. Spurenelemente. Zwei davon, die für eine schöne Haut von besonderer Bedeutung sind, werden auf den nächsten Seiten vorgestellt: Selen und Zink.

→ Tipp

Jede Mahlzeit der Anti-Falten-Diät sollte etwa so zusammengesetzt sein:

- Wahlweise eine Portion Fisch, Schaltiere, Geflügel, ein bis zwei Eier oder fettarme Milchprodukte
- Wahlweise zwei Portionen frisches Gemüse, Salat, Obst, Vollkornreis, -nudeln, Kartoffeln oder Hülsenfrüchte
- Eine kleine Menge Fett, am besten in Form von Olivenöl, einigen Nüssen bzw. Oliven

Frische Thymianblätter halten sich im Kühlschrank etwa drei bis vier Tage, wenn man sie in einem Frischhaltebeutel aufbewahrt.

Jungmacher Selen

Man nennt Selen auch den Jungmacher unter den Mineralstoffen. Es hat stark antioxidative Eigenschaften, die sich vor allem im Zellinneren entfalten, wo beispielsweise Vitamin E weniger aktiv ist. Selen wirkt aber nicht nur im Zellinneren, es schützt auch die Zellwände z. B. vor Umweltgiften wie Kadmium, Quecksilber und Blei. Insgesamt gesehen stärkt Selen das Immunsystem, nimmt eine wichtige Stellung in der Infarktvorbeugung ein, sorgt dafür, dass der Blutdruck nicht steigt und dass Muskelzellen, insbesondere des Herzmuskels, stets ausreichend mit Sauerstoff versorgt werden und die Arterien durchlässig bleiben.

→ Tipp

Sehr gute Selenquellen sind Bierhefe und Weizenkeime. Beide sind im Reformhaus erhältlich. Man streut sie einfach über fertige Speisen wie Suppen, Salate, Gemüse.

Selen steckt vor allem in Muskelfleisch, Innereien (Leber, Niere), Fisch, Schaltieren, Milchprodukten, Vollkornbrot, Kürbiskernen und ungeschältem Reis. Auch Pilze, Brokkoli, Spargel, Zwiebeln und Knoblauch sind noch passable Selenspender. Wer Selen in Form von Nahrungsergänzungsmitteln einnimmt, sollte beachten, dass eine Aufnahme zwischen 50 und 200 Mikrogramm am Tag ausreichend ist. Ab 800 Mikrogramm täglich wirkt Selen toxisch!

Zink erhält die Haut geschmeidig

Zink ist ein äußerst vielfältiges Mineral. Es ist Bestandteil von mehr als 100 Enzymen im menschlichen Organismus. Es stärkt das Immunsystem, spielt eine wichtige Rolle für das Knochenwachstum und ist daran beteiligt, freie Sauerstoffradikale auszuschalten, was Alterungsprozessen entgegenwirkt. Im Bereich der Haut sind zinkhaltige Enzyme für ein reibungsloses Funktionieren des Kollagenaufbaus verantwortlich. Ohne Zink kann beschädigtes Kollagen nicht abtransportiert und neues nicht gebildet werden. Damit nimmt Zink eine Schlüsselstellung beim Erhalt von Spannkraft und Elastizität der Haut ein und ist für die Faltenvorbeugung unverzichtbar. Durch gezielte Zinkgaben lassen sich auch Heilungsprozesse in der Haut, beispielsweise von Aknenarben, beschleunigen.

Sehr gute Zinkquellen sind tierische Produkte wie Schaltiere, Innereien, mageres Rindfleisch, Milch, Eier und Heringe. Das darin enthaltene Zink wird zu 30 bis 40 Prozent vom Körper aufgenommen. Zink aus Pflanzen (Weizenkeime, Nüsse, Kürbiskerne, Pilze, Kohl, Hülsenfrüchte, grüne Blattgemüse) dagegen kann nur zu fünf bis zehn Prozent verwertet werden.

Zur Nahrungsergänzung genügt die Einnahme von 15 bis 20 Milligramm täglich. Doch Vorsicht! Viel hilft nicht viel. Wie Selen kann auch Zink in zu hohen Dosierungen giftig sein.

Hautfreundliche Gewürze

Auch Gewürze haben antioxidative Eigenschaften und helfen der Haut, jung und frisch zu bleiben. Rosmarin enthält beispielsweise den sekundären Pflanzenstoff Karnosol, der sich wie Vitamin E erfolgreich am Kampf gegen freie Radikale beteiligt. Zudem ist diese Substanz hitzebeständig, was sie auch nach dem Kochen, Braten oder Schmoren noch wirksam sein lässt. Wer reichlich Gewürze und Kräuter in der Küche einsetzt, kann Salz einsparen. Zu viel Salz trocknet die Haut aus und ist an der Verstärkung von Falten mitschuldig.

info

Gewürze, die die Haut verjüngen, sind beispielsweise:
Basilikum, Bohnenkraut, Currypulver, Gewürznelken, Ingwer, Knoblauch, Lorbeerblätter, Majoran, Oregano, Rosmarin, Salbei und Thymian.

Schönheitselixier Bierhefe

Schon unsere Großmütter wussten, dass der gelegentliche Genuss von einem Glas Hefeweißbier eine Wohltat für Haut und Haare darstellt und verjüngend wirkt. Daran hat sich bis heute nichts geändert, denn die im Hefeweißbier enthaltene Bierhefe ist ein echtes Schönheitselixier und geradezu eine Vitalstoffbombe. Sie kann mit 17 Vitaminen, 16 Aminosäuren und 14 Mineralien, darunter auch Selen, aufwarten.

Bierhefe ist beispielsweise einer der reichsten Spender von B-Vitaminen überhaupt. Der Vitamin-B-Komplex sorgt neben gutem Aussehen auch für starke Nerven, gesundes Blut und eine geregelte Verdauung. Inbesondere Vitamin B2 (Riboflavin) und Biotin sind als die Hautvitamine ausgewiesen, Vitamin B5 (Pantothensäure) wirkt der vorzeitigen Alterung von Haut und Haaren (Ergrauen) entgegen.

Alle B-Vitamine sind wasserlöslich, können also nicht im Körper gespeichert werden und müssen regelmäßig mit der Nahrung zugeführt werden. Das ist auch ohne Bierhefe möglich, wenn man sich vollwertig ernährt, mit Vollkornprodukten, Rohkost, Sprossen, Keimen, Milchprodukten, ab und zu magerem Fleisch, Fisch, Leber und Eiern.

Es ist übrigens keine gute Idee, Bierhefe durch Bäckerhefe ersetzen zu wollen. Bäckerhefe entsteht durch alkoholische Gärung aus Melasse (ein Produkt der Branntweinherstellung) und enthält keine B-Vitamine.

→ Tipp

Bierhefe in Reinform ist im Reformhaus erhältlich. Zur Verschönerung des Hautbildes und zur Faltenvorbeugung nimmt man kurmäßig über einen bestimmten Zeitraum täglich einen gestrichenen Esslöffel Bierhefe ein. Damit ist der Tagesbedarf an B-Vitaminen gedeckt. Man streut die Bierhefe zum Anreichern über fertige pikante Speisen (nicht mitkochen) oder trinkt sie in einem viertel Liter Milch gelöst.

Bierhefe findet sich auch in Hefeweißbier, das als Anti-Aging-Mittel selbstverständlich nur in Maßen genossen werden sollte. Zu viel Alkohol lässt die Haut schneller altern.

Impressum

Der Südwest Verlag ist ein Unternehmen der Econ Ullstein List Verlag GmbH & Co. KG, München.

Redaktion:
Dr. Ulrike Kretschmer,
Dr. Alex Klubertanz

Projektleitung:
Dr. Ulrike Kretschmer

Redaktionsleitung und medizinische Fachberatung:
Dr. med. Christiane Lentz

Bildredaktion:
A. Thomas Birkenholz

Produktion:
Manfred Metzger (Leitung),
Annette Aatz

Umschlag:
Werbeagentur Lohmüller, Berlin;
Reinhard Soll

DTP/Satz:
Dr. Alex Klubertanz

Druck:
Peschke Druck, München

Bindung:
R. Oldenbourg, München

Printed in Germany

Gedruckt auf chlor- und säurearmem Papier

ISBN 3-517-06380-0

Über die Autorin

Margot Hellmiß studierte Germanistik, Geschichte und Kommunikationswissenschaft. Seit vielen Jahren beschäftigt sich die freiberufliche Journalistin mit Naturkosmetik und medizinischen Themen. Die Schwerpunkte ihrer Arbeit sind Naturheilmethoden, alternative Therapieverfahren, gesunde Ernährung und Diät.

Hinweis

Das vorliegende Buch ist sorgfältig erarbeitet worden. Dennoch erfolgen alle Angaben ohne Gewähr. Weder Autorin noch Verlag können für eventuelle Schäden, die aus den im Buch gemachten Hinweisen resultieren, eine Haftung übernehmen.

Literatur

Hellmiß, Margot/Falk Scheithauer: Oliven – Heilkraft für ein ganzes Leben. Südwest Verlag. München 2000
Lange-Ernst, Maria-E.: Fünfzig Jahre dreißig sein. Goldmann Verlag. München 1987
Oberbeil, Klaus: Fit durch Vitamine. Südwest Verlag. 4. Auflage, München 2001
Oberbeil, Klaus/Rahn-Huber, Ulla: Jung bleiben mit Anti-Aging. Südwest Verlag. 2. Auflage, München 2000
Packer, Lester, u.a.: Antioxidant Food Supplement in Human Health. Academic Press. San Diego 1999
Rauch-Petz, Dr. med. Gisela G./Unger-Göbel, Ulla: Fit und gesund durch Koenzym Q10. Südwest Verlag. 2. Auflage, München 2000

Bildnachweis

Bavaria, München: 11, 18, 36 (VCP), 77 (Campiglio), 89 (VCL); Gettyone Stone, München: 23 (Terry Doyle), 31, 65 (Laurence Monneret), 41 (Stefan May), 71 (Jerome Tisne), 63 (A&L Sinibaldi), 94 (Hubertus Hamm); Kracke Susanne, München: Titel; Mauritius, Mittenwald: 4 o., 29, 46 M., 67 (AGE), 60 (Visa Image), 74 (ACE); Premium, Düsseldorf: 14 (Jämsen), 44 (M. Carr), 46 o./u. (J. Tyler), 79 (Nina Wolf); Super Bild, München: 4 (N.N.); Super Stock, München: 21, 33, 82 (N.N.); SWV, München: 9, 25 (Bayer AG), 38 (Rainer Hofmann), 56 (Anne Menke), 92 (Amos Schliack); Zefa, Düsseldorf: 4 m., 85 (Miles), 16 (Ansgar), 58 (Alexander Scott), 81 (A. Inden), 90 (Möllenberg)

Register